Français

Marie-Hélène ROBINOT

Mode d'emploi

Les 18 séquences de révision

Les exercices proposés sur l'ensemble des 18 séquences de ce PASSEPORT ont été spécialement conçus pour te faire réviser les **notions fondamentales du programme**. Ils se répartissent, à l'intérieur de chaque séquence, entre différentes rubriques :

– La rubrique *Lecture et compréhension* débute par un texte emprunté aux principaux genres : roman, nouvelle, poésie, lettre, ... Après avoir lu attentivement ce texte, tu effectueras les exercices qui s'y rattachent. Ils t'aideront à mieux le comprendre et aiguiseront tes capacités d'analyse.

– Les rubriques *Vocabulaire, Orthographe, Conjugaison, Grammaire, Expression écrite, ...* proposent en moyenne quatre exercices de base centrés sur les **savoirs essentiels** requis avant d'aborder la classe supérieure.

Les **CORRIGÉS COMPLETS** de ces exercices sont regroupés au centre de l'ouvrage, dans un cahier détachable de huit pages.

Chaque fois qu'apparaît le petit logo AIDE en regard d'un énoncé, tu peux – si tu en éprouves le besoin – te reporter à l'**AIDE-MÉMOIRE** situé en fin d'ouvrage pour consulter la (ou les) fiche(s) d'aide correspondante(s). Ces fiches contiennent les rappels de cours dont tu as besoin pour répondre correctement aux questions posées. Par ailleurs, tous les mots accompagnés d'un astérisque rouge (*) sont définis dans le **LEXIQUE** situé en fin d'ouvrage. Il s'agit de termes techniques dont la signification est indispensable à la bonne compréhension des énoncés.

Les doubles pages COCHER C'EST GAGNER !

Ces doubles pages proposent, pour chacune des six séquences qui les précèdent, une série de cinq questions tests.
Tu peux les utiliser de deux façons :
– à l'issue d'une séquence, pour faire le bilan de ce que tu as retenu ;
– avant d'entamer ton PASSEPORT, pour repérer tes points faibles et savoir quelles séquences travailler en priorité.

COUVERTURE
Conception graphique : Laurent carré
Photographie : © PhotoAlto

INTÉRIEUR
Conception graphique : Marie-Astrid Bailly-Maître
Réalisation PAO : Pictorus et Médiamax pour la présente édition
Illustrations : Joëlle Jolivet

ISBN : 2.01. 168945. 7

© HACHETTE LIVRE 2005, 43, quai de Grenelle, 75905 Paris Cedex 15
Tous droits de traduction, de reproduction et d'adaptation réservés pour tous pays.
Le code de la propriété intellectuelle n'autorisant, aux termes des articles L. 122-4 et L. 122-5, d'une part, que les « copies ou reproductions strictement réservées à l'usage privé du copiste et non destinées à une utilisation collective », et, d'autre part, que « les analyses et les courtes citations » dans un but d'exemple et d'illustration, « toute représentation ou reproduction intégrale ou partielle, faite sans le consentement de l'auteur ou de ses ayants droit ou ayants cause, est illicite ».
Cette représentation ou reproduction par quelque procédé que ce soit, sans autorisation de l'éditeur ou du Centre français de l'exploitation du droit de copie (20, rue des Grands-Augustins, 75006 Paris), constituerait donc une contrefaçon sanctionnée par les articles 425 et suivants du Code pénal.

SOMMAIRE

1	UNE CASCADE EN CHOCOLAT	Les mots d'un champ lexical – L'accord du participe passé	4
2	LICHE, LACHE, LÉCHETTE !	*a* ou *à* ? – COD et COI	6
3	AU JARDIN PUBLIC	*et* ou *est* ? – La nature et la fonction d'un mot	8
4	LES MARCHÉS DE PLEIN AIR	L'adjectif qualificatif – L'accord du verbe avec son sujet	10
5	VOYAGE EN PÉNICHE	Adjectifs en *-ien* et *-on* – La tournure *c'est ... que ...*	12
6	UNE BAIGNADE MOUVEMENTÉE	Le pluriel des noms en *-ou* – Le présent	14

COCHER C'EST GAGNER ! 16

7	LA BAGUETTE DES FÉES	Les synonymes – L'adjectif qualificatif attribut du sujet	18
8	TANTE MÉLINA	Le présent et l'imparfait – Le dialogue	20
9	OPÉRATION POISSON ROUGE	*-é* ou *-er* ? – *on* ou *ont* ? – Le passé simple	22
10	LE JARDINIER	Les familles de mots – Le passé composé	24
11	LES RECETTES DE VENDREDI	*C'est, ces, ses* ou *s'est* ? – *Faire* et ses synonymes	26
12	LE MARCHÉ AUX OGRES	Radical, préfixe et suffixe – Le futur	28

COCHER C'EST GAGNER ! 30

13	UN MARTIEN	*ce* ou *se* ? – Le passé composé et le plus-que-parfait	32
14	L'EXPLORATEUR ET LE GÉOGRAPHE	L'origine des mots – Les types de phrases	34
15	SORCIÈRES, SORCIÈRES !	Les homonymes – *s* ou *ss* ? – COD et COS	36
16	ON NE DOIT PAS S'ÉTONNER	Les mots en *-eil* ou en *-eille* ? – Le conditionnel présent	38
17	UN MERVEILLEUX PALAIS	Les familles de mots – Nature et fonction des mots (révision)	40
18	UN CHOUETTE VOYAGE !	L'accord sujet-verbe – Langage familier et langage courant	42

COCHER C'EST GAGNER ! 44

AIDE-MEMOIRE 46
LEXIQUE 53

+ UN CAHIER CENTRAL DÉTACHABLE DE 8 PAGES REGROUPANT TOUS LES **CORRIGÉS DES EXERCICES**

1. L'ACCORD DU PARTICIPE PASSÉ
UNE CASCADE EN CHOCOLAT

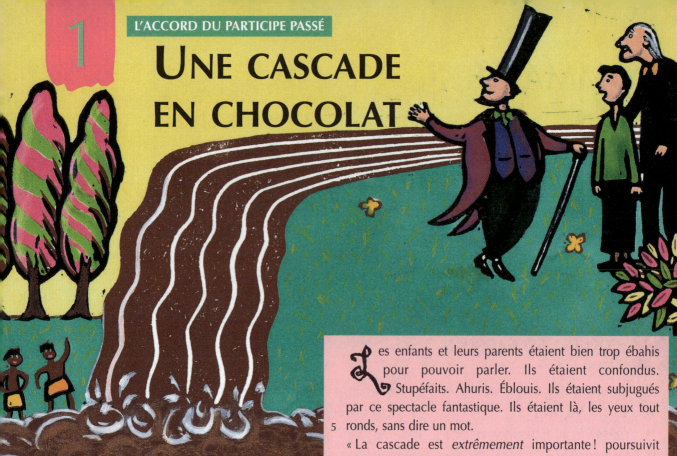

Les enfants et leurs parents étaient bien trop ébahis pour pouvoir parler. Ils étaient confondus. Stupéfaits. Ahuris. Éblouis. Ils étaient subjugués par ce spectacle fantastique. Ils étaient là, les yeux tout ronds, sans dire un mot.

« La cascade est *extrêmement* importante ! poursuivit M. Wonka. C'est elle qui mélange le chocolat ! Elle le bat ! Elle le fouette ! Elle le dose ! Elle le rend léger et mousseux ! Aucune autre chocolaterie du monde ne mélange son chocolat à la cascade ! Pourtant, c'est la seule façon de le faire convenablement ! La seule ! Et mes arbres, qu'en pensez-vous ? cria-t-il en brandillant[1] sa canne. Et mes jolis arbustes ? Ne sont-ils pas beaux ? Je déteste la laideur, je vous l'ai bien dit ! Et naturellement, tout cela se mange ! Tout est fait d'une matière différente, mais toujours délicieuse ! Et mes pelouses ? Que pensez-vous de mon herbe et de mes boutons d'or ? L'herbe où vous posez vos pieds, mes chers amis, est faite d'une nouvelle sorte de sucre à la menthe, une de mes dernières inventions ! J'appelle cela du *smucre*. Goûtez un brin ! Allez-y ! C'est délicieux ! »

Machinalement, tout le monde se baissa pour cueillir un brin d'herbe [...].

« C'est merveilleux ! chuchota Charlie. Quel goût exquis, n'est-ce pas, grand-papa ?

– Je mangerais bien tout le gazon ! dit grand-papa Joe avec un large sourire. Je me promènerais à quatre pattes, comme une vache, et je brouterais tous les brins d'herbe !

– Goûtez les boutons d'or ! cria M. Wonka. Ils sont encore meilleurs ! »

Roald Dahl, *Charlie et la Chocolaterie*,
traduit par E. Gaspar, coll. « Folio Junior », éd. Gallimard.
© Roald Dahl Nominee Ltd., 1964.

1. brandillant : agitant deçà et delà.

Lecture et compréhension

1 Vrai (V) ou faux (F) ?
Entoure la bonne réponse.

a. L'histoire se passe dans une chocolaterie.
    V   F

b. Toutes les chocolateries du monde mélangent leur chocolat à la cascade.
    V   F

c. M. Wonka est l'inventeur du *smucre*.
    V   F

d. M. Wonka demande aux visiteurs de ne pas goûter ses créations.
    V   F

e. L'herbe est meilleure que les boutons d'or.
    V   F

f. M. Wonka est fier de sa chocolaterie.
    V   F

Vocabulaire

2 Dans le premier paragraphe, relève les mots et expressions appartenant au champ lexical* de la surprise.

.... ; .... ; .... ;
.... ; .... ; ....

3 AIDE 13

Complète le tableau suivant.

adjectif qualificatif*	nom	adverbe	verbe
léger(ère)	....	....	....
....	laideur	....	....
différent(e)	....	....	....
....	....	largement	....
....	....	....	étonner

Le sais-tu ?

Au XVIe siècle, les Aztèques firent goûter aux conquérants espagnols de l'Amérique centrale leur boisson nationale, le « cocahualt ». Très vite, le roi d'Espagne et sa cour adorent boire du chocolat. Au début du XVIIe siècle, Anne d'Autriche, infante d'Espagne, épouse Louis XIII et convertit la cour de France au chocolat. Sous Louis XIV, être à la mode, c'est boire du chocolat. Au début du XVIIIe siècle, des confiseurs fabriquent pastilles et dragées. Le chocolat se répand dans toute l'Europe.
Et au XXe siècle, le chocolat est partout : en tablettes, en truffes, en poudre, en paillettes…

Orthographe

4 AIDE 11

Complète le texte ci-dessous en écrivant, dans l'ordre, les verbes suivants au participe passé : *descendre – attendre – ouvrir – arriver – ravir*.

M. Wonka et ses invités étaient .... au sous-sol où ils étaient ....
dans la salle du chocolat. La porte était ....
« Nous sommes .... au cœur de la fabrique ! » s'écria Charlie. Il était ....

Expression écrite

5

a. Résume le premier paragraphe en une phrase d'une dizaine de mots maximum. ....
....
....

b. Fais une phrase dans laquelle le verbe *fouetter* aura un sens différent de celui qu'il a dans le texte (ligne 8). ....
....

c. « Nouvelle sorte de sucre à la menthe », le *smucre* tire son étymologie* de sa composition : (le « m » après la première lettre de sucre est l'initiale de menthe). **Trouve le nom d'autres sucres que M. Wonka aurait pu inventer.**

– sucre à l'orange : ....
– sucre à la pistache : ....
– sucre à la banane : ....

2 — LE COD ET LE COI
LICHE, LACHE, LÉCHETTE !

Vers midi, ils virent un bel oiseau blanc comme la neige, perché sur une branche, et qui chantait si bien qu'ils s'arrêtèrent pour l'écouter. Bientôt il déploya ses ailes et s'envola. Ils le suivirent jusqu'à une petite maison sur le toit de laquelle il se
5 posa, et, en s'approchant, ils remarquèrent que cette maisonnette était bâtie en pain et couverte de gâteaux, tandis que les fenêtres étaient de sucre transparent.
« Voici ce qu'il nous faut, dit Hansel, et nous allons faire un bon repas. Je vais manger un morceau du toit, Gretel ; toi, mange la
10 fenêtre, c'est doux. »
Hansel grimpa et cassa un morceau du toit, pour découvrir quel goût cela avait, pendant que Gretel se mit à lécher les carreaux. Tout à coup une voix douce cria de l'intérieur :
Liche, lache, léchette ! qui lèche ma maisonnette ?
15 Et les enfants répondirent :
C'est le vent qui lèche ainsi ; c'est l'enfant du paradis.
Et ils continuèrent à manger sans se troubler. Hansel, qui prenait goût à la toiture, en descendit un grand morceau, et Gretel arracha de la fenêtre une grande vitre ronde, s'assit et s'en régala. Tout à
20 coup la porte s'ouvrit et une femme, vieille comme les pierres, qui s'appuyait sur une béquille, se traîna dehors.

Jacob et Wilhelm Grimm, *Hansel et Gretel*, traduit par Max Buchon, 1869.

Lecture et compréhension

1 Entoure la bonne réponse.

a. Le nombre des personnages est :   un / deux / trois
b. Les enfants sont guidés par :   un oiseau / un cygne
c. Les murs de la maisonnette sont en :   pain / gâteaux
d. Les fenêtres sont en :   sucre / chocolat
e. Hansel mange un morceau du :   toit / mur
f. Gretel mange un morceau de la :   fenêtre / porte
g. La maison est habitée par :   une fée / une vieille femme

Vocabulaire

2 Complète chacune des définitions par un des verbes suivants : *déguster – goûter – se gaver – savourer – engloutir – grignoter*.

a. Manger en appréciant ce qu'on mange,
  c'est . . . .

b. Manger beaucoup et à toute vitesse,
  c'est . . . .

c. Manger quelque chose pour la première fois,
  c'est . . . .

d. Manger avec excès, c'est . . . .

e. Manger avec plaisir, c'est . . . .

f. Manger par très petites quantités, c'est . . . .

Le sais-tu ?

Dans la première moitié du XIXe siècle, Jacob et Wilhelm Grimm, deux frères qui travaillaient sur l'histoire de la langue allemande, décidèrent de réunir les contes et légendes avec lesquels, depuis des générations, les conteurs captivaient leur auditoire. Après avoir rendu visite aux conteurs et pris des notes aussi fidèles que possible, Wilhelm se chargea de la rédaction des récits en respectant style, vocabulaire, proverbe... Ainsi naquirent les Contes de Grimm *qui parurent pour la première fois de 1812 à 1815.*

3 Hansel et Gretel sont les diminutifs des prénoms allemands Hans et Grete qui signifient Jean et Marguerite. Trouve les diminutifs français correspondant à :

a. Jean . . . .   b. Marguerite . . . .   c. Pierre . . . .
d. Jeanne . . . .

Orthographe

4

a ou *à* ? Choisis, selon le sens, celui qui convient.

L'oiseau . . . conduit les enfants jusqu'. . . une maisonnette. Hans . . . dit . . . Gretel que la maison était comestible. Hans . . . ordonné . . . Gretel de manger la fenêtre, puis il s'est mis . . . déguster le toit. Alors que les enfants prenaient goût . . . ce repas extraordinaire, une vieille femme . . . ouvert la porte avant de venir . . . leur rencontre.

Grammaire

5

Rends à chaque COD* son verbe.

a. (ligne 1) oiseau : . . . .
b. (ligne 10) fenêtre : . . . .
c. (ligne 11) morceau : . . . .
d. (ligne 12) carreaux : . . . .

6

Rends à chaque verbe son COI*.

a. (ligne 12) se mit . . . .
b. (ligne 17) continuèrent . . . .

3 LA NATURE D'UN MOT

AU JARDIN PUBLIC

Ma tante Rose était la sœur de ma mère et était aussi jolie qu'elle. Le jeudi et le dimanche, elle venait déjeuner à la maison, et me conduisait ensuite au moyen d'un tramway, au parc Borély. [...]
5 On y trouvait [...], à cette époque, un certain nombre de gens qui apprenaient à gouverner des bicyclettes : leur regard était fixe, leurs mâchoires serrées ; soudain, ils échappaient au professeur, traversaient l'allée, disparaissaient dans 10 un fourré, et reparaissaient, leur machine autour du cou. Ce spectacle ne manquait pas d'intérêt, et j'en riais aux larmes. Mais ma tante ne me laissait pas longtemps dans cette 15 zone dangereuse : elle m'entraînait – la tête tournée en arrière – vers un coin tranquille, au bord de l'étang.
Nous nous installions sur un banc, toujours le même, devant un massif de lauriers, entre deux platanes ; elle 20 sortait un tricot de son sac, et j'allais vaquer aux travaux de mon âge.
Ma principale occupation était de lancer du pain aux canards. Ces stupides animaux me connaissaient bien. Dès que je montrais un croûton, leur flottille venait 25 vers moi, et je commençais ma distribution.

Marcel Pagnol,
La Gloire de mon père,
éd. Bernard de Fallois,
1990.

Lecture et compréhension

1 Vrai (V) ou faux (F) ? Entoure la bonne réponse.

a. Le narrateur* se rappelle son enfance. V F
b. Sa tante le conduisait au jardin public chaque jeudi et chaque dimanche. V F
c. Cette tante était la sœur de son père. V F
d. Ils regardaient les gens qui apprenaient à faire de la bicyclette. V F
e. Sa tante s'asseyait toujours sur une chaise. V F
f. Elle lui tricotait un pull-over. V F
g. Marcel lançait du pain aux canards. V F

Vocabulaire

2 Retrouve dans le texte les mots dont les définitions pourraient être les suivantes.

a. chemin de fer qui circule en ville :
....

b. conduire une bicyclette :
....

c. endroit touffu d'un bois :
....

d. groupe de petits canards nageant ensemble :
....

e. s'occuper à des activités :
....

Orthographe

3

et ou *est* ? Choisis selon le sens celui qui convient.

Papa ..... instituteur. Tante Rose ..... la sœur de maman ..... elle ..... aussi jolie qu'elle. Tante Rose ..... la femme de l'oncle Jules ..... ils viennent déjeuner à la maison chaque dimanche. Paul ..... Germaine sont mon frère ..... ma sœur.

Grammaire

4 AIDE 20

Dans le premier paragraphe, relève :

a. deux noms propres ...., ...
b. deux noms communs ...., ...
c. un adjectif qualificatif ....
d. un verbe à l'infinitif ....
e. un verbe conjugué ....
f. un pronom personnel ....
g. un déterminant ....

5 AIDE 20

Donne la nature* des mots suivants.

a. (ligne 5) époque ....
b. (ligne 6) gouverner ....
c. (ligne 7) fixe ....
d. (ligne 8) ils ....

Le sais-tu ?

Tiré par des chevaux et circulant sur des rails comparables à ceux des chemins de fer, le tramway est à son origine utilisé pour relier deux villes voisines. La possibilité d'encastrer les rails dans le sol, puis l'utilisation de l'électricité pour sa traction, en font le roi des transports en commun à la fin du XIXe siècle et au début du XXe siècle. Concurrencé par le développement de l'automobile, il disparaît pratiquement dans les années 1960. Aujourd'hui, les problèmes de pollution et d'énergie pourraient lui redonner une place importante.

4 LES MARCHÉS DE PLEIN AIR

L'ADJECTIF QUALIFICATIF

Les marchés de plein air sont les endroits du monde où défilent le plus joyeusement les saisons. L'annonce du printemps se fait par les jeunes légumes, oignons, pois, haricots, pommes de terre nouvelles, brillantes et dorées, vendues trois fois le prix de leurs grosses sœurs terreuses qui, tout l'hiver, ont fait purées et frites. Les carottes vendues en vrac durant l'hiver se retrouvent en botte, leur élégante tige feuillue fleurant un léger parfum d'anis garant de leur fraîcheur. Les salades sont en tas, quatre petites, trois grosses. Choisissez. La tomate se prélasse en cageot. Il est recommandé de la choisir un peu verte. L'artichaut lorsqu'il est petit se vend en bouquet, et l'asperge en botte qui préserve sa pointe délicate. Cassées, on peut les acheter en vrac à un prix intéressant. Puis les fruits arrivent, et c'est la profusion. La fraise se vend en montagne, le melon en pyramide, et c'est tout une affaire de trouver le sublime.

Terence Conran, *France ma douce*,
traduit par P. Pompon Baichache et Croizard, éd. Flammarion, 1990.

Lecture et compréhension

1 **En t'appuyant sur le texte, complète les phrases suivantes.**

a. C'est au marché qu'on remarque le mieux le changement des ....
b. L'auteur compare deux saisons : .... et ....
c. Les légumes qui annoncent le printemps sont : ...., ..., ..., ...
d. Les carottes sont vendues en .... ou en ....
e. On trouve les salades en .... et les tomates en ....
f. L'artichaut s'achète en .... et l'asperge en ....

Vocabulaire

2 Écris l'adjectif qualificatif* correspondant à chaque nom.

	masculin	féminin
saison	....	saisonnière
printemps	....	....
été	....	....
automne	....	....
hiver	....	....

3 Relie chacune des expressions à son contraire.

1. en plein air
2. défiler
3. brillante
4. acheter
5. recommander

A. terne
B. stagner
C. à l'intérieur
D. déconseiller
E. vendre

Le sais-tu ?
Originaire des Andes, la pomme de terre fut, comme le chocolat, introduite en Espagne au XVIe siècle par les conquérants espagnols (voir p. 5). Sans succès. Elle était accusée de causer de graves maladies, telle la lèpre.
Au XVIIIe siècle, un apothicaire du nom de Parmentier (1737-1813) réussit, avec l'aide du roi Louis XVI, à convaincre les Français qu'elle était sans danger : le roi en consommait quotidiennement et autorisa la plantation d'un champ de pommes de terre à Neuilly-sur-Seine...
Mais la culture de ce légume ne deviendra courante que vers 1840 !

Orthographe

4 Chacun des mots suivants appartient à la famille de *fraîcheur*. Complète par « i » ou « î » (vérifie dans un dictionnaire).

fra..s – fra..che – fra..cheur – fra..chir – rafra..chir – fra..chement – rafra..chissement – à la fra..che

5

Conjugue chaque verbe au présent, en l'accordant avec son sujet*.

a. **annoncer**   L'arrivée des jeunes légumes .... le printemps.
b. **recommander**   On nous .... de choisir les tomates un peu vertes.
c. **choisir**   Nous .... les fraises les plus rouges.
d. **acheter**   Tu .... les asperges à un prix intéressant.

Grammaire

6

Rends son sujet* à chaque verbe.

a. (ligne 1) .... défilent.
b. (ligne 2) .... se fait.
c. (ligne 6) .... se retrouvent.

7 AIDE 14

Rends son verbe à chaque sujet*.

a. (ligne 8) Les salades ....
b. (ligne 9) La tomate ....
c. (ligne 10) L'artichaut ....

5 — LE FÉMININ DE L'ADJECTIF QUALIFICATIF

VOYAGE EN PÉNICHE

Gaspard est un jeune garçon d'une dizaine d'années.

La péniche mit deux ou trois jours pour atteindre Anvers. Ce n'était pas un voyage immense. Cependant Gaspard était ébloui par les eaux du fleuve, et par les contrées diverses qu'on traversait.
5 Comme si soudain la nature se multipliait. Il semblait à Gaspard qu'on avait ici entassé plusieurs mondes.
Après Waulsort, Gaspard vit des châteaux sur les collines coupées de bois. Jardins et balustres[1] se
10 mêlaient à la nature sauvage. Plus loin, d'immenses rochers plongeaient dans la Meuse. Citadelles, églises et usines se succédaient. Il y eut des villes, Dinant, Namur, Andenne, Huy et puis Liège.
C'est à Namur que Gaspard vit le premier beffroi.
15 De temps à autre, l'homme qui l'avait accueilli le renseignait sur les noms et les lieux : par-dessus les collines, vers l'est reprenait l'immense forêt. [...] Par des échancrures, on apercevait des ruines anciennes dans des campagnes où l'élégance se mêlait à la
20 rudesse primitive des choses. Toitures, prairies et blés formaient une gracieuse harmonie. Jamais Gaspard n'avait rêvé d'une telle beauté.

André Dhôtel, *Le pays où l'on n'arrive jamais*, éd. Pierre Horay, 1955.

1. balustre : petit pilier d'une rampe, d'une clôture.

Lecture et compréhension

1 Dans le texte, relève une phrase montrant :

a. que la nature se présente sous de multiples aspects : ....

b. que Gaspard navigue sur la Meuse : ....

c. que Gaspard ne voyage pas avec ses parents : ....

d. que Gaspard est émerveillé par la beauté du paysage : ....

Vocabulaire

2 Associe chaque mot à sa définition :

barque – cargo – paquebot – péniche – transatlantique.

a. .... : bateau utilisé sur les fleuves pour le transport des marchandises.

b. .... : navire utilisé sur mer pour le transport des marchandises.

c. .... : petit bateau qui avance grâce à la rame, à la voile ou au moteur.

d. .... : navire aménagé pour le transport sur mer des passagers.

e. .... : paquebot qui traverse l'océan Atlantique.

Le sais-tu ?

Le tourisme en péniche s'organise sur les fleuves et les kilomètres de canaux navigables. Pour quelques jours, quelle joie de passer les écluses au rythme du fil de l'eau ! Débarquer les vélos pour un petit tour dans les villages traversés, c'est pratique !

Le canal de Digoin. © Degas/Parra

3 Entoure la (ou les) bonne(s) réponse(s).

a. une **contrée** est :
1. une région
2. une opposition
3. une chanson

b. une **citadelle** est :
1. une forteresse
2. une sorte de saucisson
3. une fleur

c. un **beffroi** est :
1. une grande peur
2. une sorte de clocher
3. une tour munie d'une cloche destinée à donner l'alarme

Orthographe

4 AIDE 9

Trouve le féminin de l'adjectif qualificatif* proposé.

a. païen ....　　b. mignon ....

c. polisson ....　　d. moyen ....

Expression écrite

5 Suis le modèle pour transformer les phrases ci-dessous.

À Namur, Gaspard vit le premier beffroi. → C'est à Namur que Gaspard vit le premier beffroi.

a. Après Waulsort, Gaspard vit des châteaux.

....

b. D'immenses rochers plongent dans la Meuse.

....

c. Par des échancrures, on aperçoit des ruines anciennes.

....

6 LE PRÉSENT
UNE BAIGNADE MOUVEMENTÉE

Poil de Carotte est contraint par M. Lepic, son père, de se baigner...

Enfin il se décide, il s'assied par terre, et tâte l'eau d'un orteil que ses chaussures trop étroites ont écrasé. En même temps, il se frotte l'estomac qui peut-être n'a pas fini de digérer. Puis il se
5 laisse glisser le long des racines.
Elles lui égratignent les mollets, les cuisses, les fesses. Quand il a de l'eau jusqu'au ventre, il va remonter et se sauver. Il lui semble qu'une ficelle mouillée s'enroule peu à peu autour de son corps,
10 comme autour d'une toupie. Mais la motte où il s'appuie cède, et Poil de Carotte tombe, disparaît, barbote et se redresse, toussant, crachant, suffoqué, aveuglé, étourdi.
– Tu plonges bien, mon garçon, lui dit M. Lepic.
15 – Oui, dit Poil de Carotte, quoique je n'aime pas beaucoup ça. L'eau reste dans mes oreilles, et j'aurai mal à la tête.
Il cherche un endroit où il puisse apprendre à nager, c'est-à-dire faire aller ses bras tandis que ses
20 genoux marcheront sur le sable.
– Tu te presses trop, lui dit M. Lepic. N'agite donc pas tes poings fermés, comme si tu t'arrachais les cheveux. Remue tes jambes qui ne font rien.
– C'est plus difficile de nager sans se servir des
25 jambes, dit Poil de Carotte.
Mais grand frère Félix l'empêche de s'appliquer et le dérange toujours.
– Poil de Carotte, [...] mets-toi là vers le saule. Ne bouge pas. Je parie de te rejoindre en dix brassées.
30 – Je compte, dit Poil de Carotte grelottant, les épaules hors de l'eau, immobile comme une vraie borne.
De nouveau, il s'accroupit pour nager. Mais grand frère Félix lui grimpe sur le dos, pique une tête et dit :
35 – À ton tour, si tu veux, grimpe sur le mien.
– Laisse-moi prendre ma leçon tranquille, dit Poil de Carotte.
– C'est bon, crie M. Lepic, sortez.

Jules Renard, *Poil de Carotte*, 1894.

Lecture et compréhension

1 En t'appuyant sur le texte, complète les phrases suivantes.

a. Les baigneurs s'appellent : . . . .
. . . .

b. Pour Poil de Carotte, apprendre à nager c'est : . . . .
. . . .

2 Entoure les réponses qui conviennent pour donner un titre à ce texte.

a. Au bord de la mer
b. L'Apprenti nageur
c. Première leçon de natation
d. Un nageur confirmé

Vocabulaire

3 Relie l'adjectif qualificatif* et la partie du corps humain à laquelle il correspond (aide-toi au besoin du dictionnaire).

1. stomacal
2. capillaire
3. auditif
4. dorsal

A. dos
B. oreille
C. cheveux
D. estomac

4 Souligne les verbes synonymes* du verbe en gras.
a. **grelotter** : frissonner, paniquer, trembler, claquer des dents.
b. **suffoquer** : s'affaiblir, (s')étouffer, s'asphyxier, dépérir.

Orthographe

5 *Bijou, caillou, chou, genou, hibou, joujou, pou.*
Sept noms en *-ou* ont leur pluriel en *-oux*.
Pour les retenir, complète le poème puis apprends-le.

Monsieur X

C'était un vieux . . . .
affreux comme un . . . .
avec son . . . .
nu comme mon . . . .

Mais comme il était . . . .
quand il faisait . . . .
avec son chien B . . . . !

Jean L'Anselme, *Mon premier livre de poèmes pour rire*,
Éditions ouvrières, 1986.

Le sais-tu ?

Certains personnages légendaires sont célèbres grâce à une partie de leur corps et sont même à l'origine d'expressions imagées. Ainsi le talon d'Achille désigne-t-il le point faible d'une personne.
En plongeant Achille dès sa naissance dans les eaux du Styx, le fleuve des Enfers, sa mère l'avait rendu invulnérable... sauf au talon par lequel elle le tenait. Et c'est frappé d'une flèche meurtrière au talon, tirée par le Troyen Pâris, que meurt le célèbre héros grec de l'Iliade.

Conjugaison

6

Écris au présent, et aux personnes demandées, les verbes ci-dessous.

appuyer	tu	. . . .	nous	. . . .
céder	je	. . . .	vous	. . . .
plonger	nous	. . . .	ils	. . . .
enfoncer	tu	. . . .	nous	. . . .

COCHER C'EST GAGNER !

Pour chacun des cinq exercices d'une même séquence, coche la bonne réponse. Après avoir consulté les corrigés (en p. 7 du cahier détachable), inscris ton score sur 5 dans la case prévue à cet effet. Si tu totalises moins de 3 points sur une séquence, nous te conseillons de la retravailler.

SÉQUENCE 1 (pp. 4-5)

1 Coche l'intrus* :
a. cacatoès ....☐
b. cacao ....☐
c. cacaoyer ....☐

2 *Ébahi* signifie :
a. émerveillé ....☐
b. abattu ....☐
c. fatigué ....☐

3 L'adverbe formé à partir d'*intelligent* est :
a. intelligamment ....☐
b. intelligemment ....☐
c. intelligement ....☐

4 Le participe passé du verbe *dire* est :
a. dis ....☐
b. di ....☐
c. dit ....☐

5 La définition de *farcir* est :
a. faire une farce à quelqu'un ....☐
b. remplir avec de la farce ......☐
c. amuser son entourage ....☐

SÉQUENCE 2 (pp. 6-7)

1 Un *compte* est :
a. un récit ....☐
b. un calcul ....☐
c. une personne ....☐

2 Coche l'intrus* :
a. se gaver ....☐
b. engloutir ....☐
c. grignoter ....☐

3 Le diminutif de *garçon* est :
a. garçonnot ....☐
b. garçonnet ....☐
c. garcenot ....☐

4 Coche la phrase correctement orthographiée.
a. La fillette ne pense qu'a jouer ..☐
b. La fillette ne pense qu'à jouer ..☐
c. La fillete ne pense qu'a joué ...☐

5 Coche la phrase dans laquelle se trouve un COD*.
a. Aujourd'hui, il fait beau. .....☐
b. Chaque jour, nous allons à l'école. ....☐
c. Chaque soir, l'élève apprend ses leçons. ....☐

SÉQUENCE 3 (pp. 8-9)

1 La nature* du mot *ceux* est :
a. un pronom relatif ....☐
b. un pronom personnel ....☐
c. un pronom démonstratif ....☐

2 La définition de *haie* est :
a. une clôture faite de morceaux de bois ....☐
b. une clôture faite d'arbustes ...☐
c. un lieu planté de fleurs .....☐

3 Un jardin où l'on cultive les plantes pour les étudier est :
a. un jardin botanique ....☐
b. un parc zoologique ....☐
c. un jardin à la française .....☐

4 La nature* du mot *mais* est :
a. une conjonction de coordination ....☐
b. un déterminant ....☐
c. une préposition ....☐

5 *Marseille* est :
a. un nom commun ....☐
b. un nom de chose ....☐
c. un nom propre ....☐

| TOTAL SÉQUENCE 1 | /5 | TOTAL SÉQUENCE 2 | /5 | TOTAL SÉQUENCE 3 | /5 |

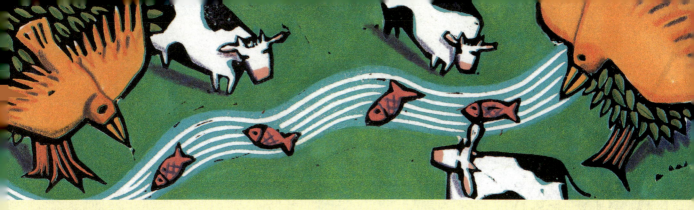

SÉQUENCE 4 (pp. 10-11)

1 L'adjectif qualificatif* qui correspond à *semestre* est :
a. semestriel ❑
b. simestriel ❑
c. semestrel ❑

2 Le contraire de *digeste* est :
a. indigeste ❑
b. immangeable ❑
c. indigestion ❑

3 Le nom correspondant au verbe *goûter* s'écrit :
a. gout ❑
b. goût ❑
c. goutte ❑

4 Coche la phrase où sujet* et verbe sont bien accordés :
a. Les enfants travailles sérieusement. ❑
b. Les enfants travaillent sérieusement. ❑
c. Les enfants travaille sérieusement. ❑

5 Dans la phrase *« Bonjour, dit le beau canard. »*, le sujet est :
a. bonjour ❑
b. beau ❑
c. canard ❑

SÉQUENCE 5 (pp. 12-13)

1 « Arriver à bon port » signifie :
a. arriver à l'heure ❑
b. arriver à destination sans accident ❑
c. arriver dans un port ❑

2 La définition de *affluent* est :
a. une rivière qui se jette dans la mer ❑
b. un cours d'eau qui se jette dans un autre ❑
c. une petite rivière ❑

3 Le féminin de l'adjectif qualificatif* *ancien* est :
a. anciene ❑
b. anciente ❑
c. ancienne ❑

4 Coche l'intrus* :
a. navire ❑
b. paquebot ❑
c. navet ❑

5 « Faire route » signifie :
a. voyager ❑
b. construire une route ❑
c. être routier ❑

SÉQUENCE 6 (pp. 14-15)

1 *Pédestre* vient de :
a. pied ❑
b. pointure ❑
c. peinture ❑

2 *Déduire* a pour synonyme* :
a. soustraire ❑
b. augmenter ❑
c. additionner ❑

3 Le pluriel de *trou* est :
a. trou ❑
b. troux ❑
c. trous ❑

4 À la première personne du singulier du présent, *semer* s'écrit :
a. je seme ❑
b. je sême ❑
c. je sème ❑

5 À la troisième personne du singulier du présent, *envoyer* s'écrit :
a. il envoit ❑
b. il envoye ❑
c. il envoie ❑

TOTAL SÉQUENCE 4 /5
TOTAL SÉQUENCE 5 /5
TOTAL SÉQUENCE 6 /5

7 — LA BAGUETTE DES FÉES

L'ADJECTIF QUALIFICATIF ATTRIBUT DU SUJET

On n'imagine pas le parti qu'on peut tirer d'un simple morceau de bois [...]. C'était la baguette des fées. Longue et droite, elle devenait une lance, ou peut-être une épée ; il suffisait de la brandir pour faire surgir des armées. Christophe en était le général, il marchait devant elles, il leur donnait l'exemple, il montait à l'assaut des talus. Quand la branche était flexible, elle se transformait en fouet. Christophe montait à cheval, sautait des précipices. Il arrivait que la monture glisse et le cavalier se retrouvait au fond du fossé, regardant d'un air penaud ses mains salies et ses genoux écorchés. Si la baguette était petite, Christophe se faisait chef d'orchestre : il était le chef et il était l'orchestre ; il dirigeait, et il chantait, et ensuite il saluait les buissons [...].

Il était aussi magicien. [...] Il commandait aux nuages : « Je veux que vous alliez à droite. » Mais ils allaient à gauche. Alors il les injuriait [...]. Mais ils continuaient de courir tranquillement vers la gauche. Alors il tapait du pied, il les menaçait de son bâton, et il leur ordonnait avec colère de s'en aller à gauche : en effet, cette fois, ils obéissaient parfaitement. Il était heureux et fier de son pouvoir. Il touchait les fleurs, en leur enjoignant de se changer en carrosses dorés, comme on lui avait dit qu'elles faisaient dans les contes.

Romain Rolland, *L'Aube, Jean-Christophe*, éd. Albin Michel, 1931.

Lecture et compréhension

1 **Complète.**

	Si la baguette est :	elle sert de :	Christophe se prend pour :
a.	....	....	....
b.	....	....	....
c.	....	xxxxxxxxxxxxxxxxxxxx	....

2 Le nom du conte de Perrault dans lequel une fée transforme une citrouille en « carrosse doré » est : ....

Vocabulaire

3 Relie chacune des expressions à son expression synonyme*.

1. brandir   A. un air honteux
2. surgir   B. gouffre, ravin
3. précipice   C. apparaître brusquement
4. un air penaud   D. ordonner
5. enjoindre   E. agiter en l'air

4 Complète.

	verbe	nom
a.	**imaginer**	....
b.	**transformer**	....
c.	**parier**	....
d.	**saluer**	....
e.	**ordonner**	....

Orthographe

5

Complète par *on* ou *on n'*.

a. .... a du mal à transformer une fleur en carrosse quand ...... est pas magicien.
b. Si .... est un jeune magicien, ... a pas encore beaucoup d'expérience.

Grammaire

6

Dans le passage allant de « Longue et droite » à « les buissons [...] »,
relève quatre noms et deux adjectifs qualificatifs* attributs* du sujet.

a. Le nom................. est attribut du sujet ....
b. Le nom................. est attribut du sujet ....
c. L'adjectif............... est attribut du sujet ....
d. L'adjectif............... est attribut du sujet ....
e. Le nom................. est attribut du sujet ....
f. Le nom................. est attribut du sujet ....

Le sais-tu ?

En latin, **fée** se dit fata,ae (n.f.) qui est le féminin de fatum, i (n.m.) (destin irrévocable) et signifie « déesse des destinées ». Cela explique que la fée tisse la vie de l'homme au fil des dons qu'elle lui fait ou des sorts qu'elle lui jette. C'est pourquoi, il vaut mieux avoir pour marraine la bonne fée de Cendrillon que la vilaine fée Carabosse.
Les autres mots de la famille : **féerie** (n.f.) – monde merveilleux des fées – et **féerique** (adj.) ne gardent trace que des bonnes fées qui d'un coup de baguette rendent le monde merveilleux.

8 — L'IMPARFAIT
TANTE MÉLINA

En l'absence de leurs parents, Delphine et Marinette ont cassé un plat en faïence...

Malheureuses ! criaient-ils, un plat qui était dans la famille depuis cent ans ! Et vous l'avez mis en morceaux ! Vous n'en ferez jamais d'autres, deux monstres que vous êtes. Mais vous serez punies. Défense de jouer et au pain sec !
5   Jugeant la punition trop douce, les parents s'accordèrent un temps de réflexion et reprirent, en regardant les petites avec des sourires cruels :
– Non, pas de pain sec. Mais demain, s'il ne pleut pas... demain... ha ! ha ! ha ! demain, vous irez voir la tante Mélina !
10   Delphine et Marinette étaient devenues très pâles et joignaient les mains avec des yeux suppliants.
– Pas de prière qui tienne ! S'il ne pleut pas, vous irez chez la tante Mélina lui porter un pot de confiture.
La tante Mélina était une très vieille et très méchante femme,
15   qui avait une bouche sans dents et un menton plein de barbe. Quand les petites allaient la voir dans son village, elle ne se lassait pas de les embrasser, ce qui n'était pas très agréable, à cause de la barbe ; elle en profitait pour les pincer et leur tirer les cheveux. Son plaisir était de les obliger à manger d'un pain
20   et d'un fromage qu'elle avait mis à moisir en prévision de leur visite. En outre, la tante Mélina trouvait que ses deux petites nièces lui ressemblaient beaucoup et affirmait qu'avant la fin de l'année, elles seraient devenues ses deux fidèles portraits, ce qui était effrayant à penser.

Marcel Aymé, « La Patte du chat »,
dans *Les Contes rouges du chat perché*, éd. Gallimard, 1963.

Lecture et compréhension

1 Remets les événements dans l'ordre du texte.
a. Finalement, les parents décident de les envoyer chez la tante Mélina.   N°s ....
b. Les parents jugent la punition trop douce.   ....
c. Les parents découvrent que les fillettes ont cassé le plat.   ....
d. Les parents leur défendent de jouer et les mettent au pain sec.   ....
e. Les fillettes font des yeux suppliants.   ....

2 Dans le dernier paragraphe du texte, relève quatre expressions soulignant la méchanceté de la tante Mélina.
a. ....   b. ....
c. ....   d. ....

Vocabulaire

3 Écris l'adjectif qualificatif* correspondant au nom.

a. jour ....
b. semaine ....
c. mois ....
d. trimestre ....
e. année ....

4 Relie l'adjectif qualificatif* et son contraire.

1. doux   A. jeune
2. méchant   B. sévère, dur
3. vieille   C. gentil, aimable

Le sais-tu ?

Habituellement, les femmes n'ont pas de barbe ; mais certaines font exception. Ainsi cette Américaine qui, à l'âge de vingt-six ans, possédait une barbe lui descendant jusqu'aux chevilles, et fut surnommée « Lady Esaü » du nom d'un patriarche barbu. Plus près de nous, une Vosgienne portait une barbe très fournie.

Sais-tu qu'au XIXe et au début du XXe siècle, les femmes à barbe étaient une des attractions des foires et des cirques ?

Orthographe

5

Orthographie correctement les formes verbales suivantes :

verbe	présent	imparfait
crier	nous	nous ....
faire	nous	je ....
pincer	nous	il ....
manger	nous	je ....
effrayer	nous	nous ....

© Jean Vigne

Expression écrite

6

a. **Observe le texte de Marcel Aymé et complète.**

Lors d'un dialogue*, les répliques* des parents sont précédées d'un .... et débutent par une lettre ....

b. **Voici la suite du texte. Ajoute les tirets et les majuscules.**

pauvres enfants, soupira le chat. Pour un vieux plat déjà ébréché, c'est être bien sévère.
de quoi te mêles-tu ? Mais, puisque tu les défends, c'est peut-être que tu les as aidées à casser le plat ?
oh ! non, dirent les petites. Alphonse n'a pas quitté la fenêtre.

9 — LE PASSÉ SIMPLE

OPÉRATION POISSON ROUGE

Bennett et Mortimer ont la garde de César, le poisson rouge de leur ami Bromo. César semble manquer d'exercice.

« Dommage que ce ne soit pas un chien ! soupira Mortimer. Nous l'emmènerions promener au bout d'une laisse.
– Oui, s'exclama Bennett. Pourquoi pas ?
5 – Ne fais pas l'imbécile. On ne peut pas trimbaler un poisson en laisse !
– En tout cas, on peut lui permettre de nager dans de bonnes conditions. Pas dans l'étang, bien sûr, il est trop vaseux, et César risquerait d'être mangé par une
10 poule d'eau. Mais nous pourrions lui faire faire quelques brasses dans la piscine. Il serait fou de joie.
– Oui, peut-être... », dit Mortimer, songeur, car cette suggestion lui paraissait hérissée de difficultés. « Si nous
15 le mettons dans la piscine, comment le récupérer ensuite ? ça demande réflexion. » [...]
Finalement, ils décidèrent de placer César dans le filet à papillons de Mortimer et de le plonger dans la piscine. Bennett marcherait lentement sur le bord,
20 tandis que César nagerait à son aise. De la sorte, il aurait le plaisir de changer d'eau, sans pouvoir s'échapper ou prendre une mauvaise direction. [...]
« Alors, c'est entendu ! dit Bennett à Mortimer. Demain soir, tout de suite après l'étude, j'irai chercher
25 César, toi ton filet à papillons. Et en avant pour l'opération Poisson rouge ! »

Anthony Buckeridge, *Bennett et sa cabane*, traduit par O. Séchan, coll. « Livre de Poche Jeunesse », éd. Hachette Jeunesse, 1979.

Lecture et compréhension

1 **Complète le passage ci-dessous avec des mots (ou expressions) du texte ci-dessus.**

.... et .... gardent ...., le poisson rouge de leur ami .... César manque d'exercice, mais malheureusement il est impossible de le promener .... Pour le changer d'eau, les deux enfants veulent lui faire faire..

Mais comment s'y prendre pour le................ ensuite ? La décision est prise : ils placeront César dans un .... avant de le................ dans la piscine.

Ainsi, il ne pourra pas...

Vocabulaire

2 Retrouve dans le texte les quatre noms correspondant aux quatre verbes.
a. suggérer : . . . .
b. border : . . . .
c. diriger : . . . .
d. opérer : . . . .

3 Souligne les mots (ou expressions) synonymes* des mots (ou expressions) marqués en gras.
a. **hérissé de difficultés** : sans obstacles, plein de complications, rempli de problèmes, facile.
b. **songeur** : pensif, mécontent, préoccupé, amusé.

Orthographe

4 AIDE 10

-é ou -er ? Mets les verbes entre parenthèses à la forme qui convient.
a. (promener) Peux-tu . . . . un poisson rouge en laisse ?
b. (décider) (placer) Ils ont . . . . de . . . . César dans un filet à papillons.
c. (nager) Regarde César . . . . dans la piscine.

Le sais-tu ?
Originaire de Chine, le poisson rouge appartient, comme d'autres poissons d'eau douce – carpe, tanche, gardon... – à la famille des cyprinidés et se plaît dans les eaux froides (15°C environ). Sa longueur varie de 2 à 10 cm. Sa durée de vie moyenne est de dix ans, mais l'un d'entre eux a porté le record de longévité à quarante et un ans ! Sa vitesse de déplacement est de 5,2 km/h. Malgré son nom, il peut être orangé, rosé, blanchâtre, voire multicolore. Nos voisins allemands et anglais le voient doré : les premiers le nomment Goldfisch (der), les seconds gold-fish.

5 AIDE 4

on ou ont ? Complète les phrases suivantes.
a. Ils . . . . . . vu que le poisson rouge manquait d'exercice. b. Ils . . . . . . voulu le sortir de son bocal. c. Pourtant . . . . . . leur avait interdit. d. Mais ils n' . . . . . . pas voulu obéir.

Conjugaison

6 AIDE 17

Conjugue au passé simple.

	placer	plonger	marcher
je	. . . .	. . . .	. . . .
tu	. . . .	. . . .	. . . .
il	. . . .	. . . .	. . . .
nous	. . . .	. . . .	. . . .
vous	. . . .	. . . .	. . . .
ils	. . . .	. . . .	. . . .

10 LE PASSÉ COMPOSÉ

LE JARDINIER

Giuseppe Arcimboldo, *Le Jardini*
Cremena, Museo Civic
© Artephot / Bap

Lecture et compréhension

1 **Réponds aux questions.**
a. Quel est le titre du tableau ?
....
b. Quelle est la partie du corps représentée ? ....
c. Quelle est la couleur dominante du tableau ? ....

2 **Fais correspondre chacune des parties du visage à l'élément végétal par lequel elle est représentée.**

1. l'œil droit   A. des feuilles
2. l'œil gauche   B. des champignons
3. la joue gauche   C. un navet
4. les lèvres   D. des noisettes
5. le nez   E. une noix
6. les cheveux   F. un oignon

3 **Retourne l'image. Que découvres-tu ?**
....

Vocabulaire

4

Trouve quatre mots de la même famille* que le nom *jardinier*. Indique pour chacun sa nature* grammaticale.

.... (..............)
.... (..............)
.... (..............)
.... (..............)

5 Écris le nom correspondant à chacun des adjectifs qualificatifs* suivants.

a. oculaire → ....
b. buccal → ....
c. nasal → ....
d. frontal → ....
e. dentaire → ....

Le sais-tu ?

Giuseppe Arcimboldo est un peintre italien de la seconde moitié du XVIe siècle. Il est l'auteur d'un grand nombre de portraits faits avec des végétaux, des animaux ou encore des morceaux d'objets.

Les tableaux représentant les Quatre Saisons *et exposés au Louvre sont les plus célèbres de son œuvre : chaque saison est représentée sous la forme d'un personnage composé de fruits, de fleurs et d'objets appartenant à la saison décrite.*

Orthographe

6 Termine les noms ci-dessous par *ou, oue, out, oût*.

le ch.......   le b.......   la j.......
la r.......   le hib.......   le g.......

Conjugaison

7

Conjugue chacun des verbes suivants au passé composé. Accorde au féminin dans les parenthèses.

jardiner	peindre	aller
....	....	..............(...)
....	....	..............(...)
....	....	..............(...)
....	....	..............(...)
....	....	..............(...)
....	....	..............(...)

11 — CES ET SES HOMONYMES

LES RECETTES DE VENDREDI

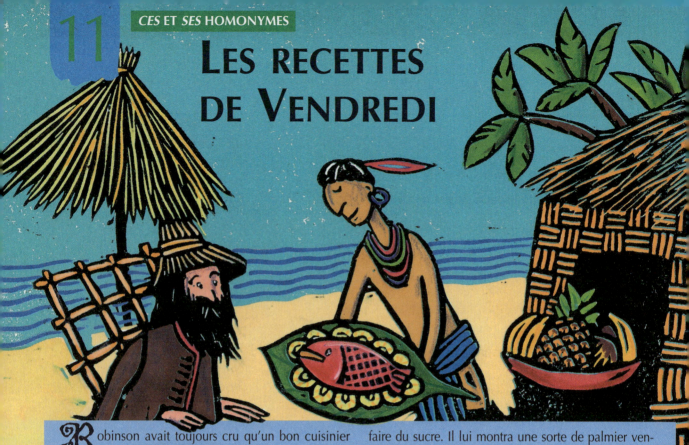

Robinson avait toujours cru qu'un bon cuisinier ne doit pas mélanger la viande et le poisson, le sel et le sucre. Vendredi lui montra que ces mélanges sont quelquefois possibles, et même succulents. Par exemple, avant de faire rôtir une tranche de pécari[1], il faisait avec la pointe du couteau une série de fentes profondes dans l'épaisseur de la viande et, dans chaque fente, il glissait une huître ou une moule crue. La viande farcie de coquillages avait un goût délicieux.
Pour mélanger le sucré et le salé, il entourait un poisson d'une garniture d'ananas, ou il farcissait un lapin avec des prunes. Mais surtout, il apprit à Robinson à faire du sucre. Il lui montra une sorte de palmier ventru, plus gros au centre qu'à la base et au sommet, bref en forme de quille. Quand on l'abat et quand on coupe ses feuilles, on voit aussitôt des gouttes de sève épaisse et sucrée se mettre à couler. [...]
Vendredi montra à Robinson qu'en exposant au feu cette mélasse[2], elle se caramélisait. Il en enduisait des fruits qu'il rôtissait à la broche, mais aussi des viandes, et même des poissons.

Michel Tournier, *Vendredi ou la Vie sauvage*,
éd. Gallimard, coll. « Folio Junior », 1982.

1. pécari : animal proche du cochon.
2. mélasse : produit proche du sucre liquide.

Lecture et compréhension

1 Vrai (V) ou faux (F) ? Entoure la bonne réponse.

a. Robinson mélange le sucré et le salé.   V   F
b. Vendredi mélange la viande et le poisson.   V   F
c. Vendredi prépare du lapin farci à l'ananas.   V   F
d. La mélasse est obtenue à partir d'un palmier. V   F

2 Rétablis les étapes de la recette « Tranche de pécari rôtie ».

a. ....
b. ....
c. ....

Vocabulaire

3 Relève, dans le texte, une dizaine de mots appartenant au champ* lexical de la nourriture.

.... , ... , ... ,
.... , ... , ... ,
.... , ... , ... ,
.... , ...

4 Dans les expressions suivantes, remplace l'adjectif *bon(ne)* par un synonyme* choisi dans la liste suivante :
drôle – agréable – excellent(e) – grand(e)
a. un bon séjour : un .... séjour
b. une bonne histoire : une histoire ....
c. une bonne distance : une .... distance
d. un très bon cuisinier : un .... cuisinier

Le sais-tu ?

Avant d'être les héros de Vendredi ou la Vie sauvage, *Robinson et Vendredi* ont été les héros d'un roman de Daniel Defoe intitulé *Robinson Crusoé et écrit au XVIIIe siècle*. Pour créer le personnage de Robinson Crusoé, Defoe s'est inspiré de la vie d'Alexandre Selkirk, un marin écossais qui s'était fait débarquer sur une île déserte et y avait passé quatre ans. Mais son imagination a transformé la réalité : Robinson devient un naufragé qui séjourne vingt-huit ans sur son île et s'y fait un compagnon, Vendredi.

Orthographe

5

Dans le texte suivant, remplace les pointillés par *c'est, ces, ses,* ou *s'est*.

Je crois que ...... Vendredi qui a expliqué ...... nouvelles recettes à Robinson. Il les tient de ...... ancêtres. ...... une découverte pour Robinson que tous ...... plats délicieux et ...... succulents desserts. Sans Vendredi, ... repas n'auraient pas été aussi exotiques ! Robinson ...... aperçu que l'on pouvait mélanger le sucré et le salé.

Expression écrite

6 Dans les phrases ci-dessous, remplace *fait* ou *faire* par un verbe plus précis.
a. Le maçon *fait* un mur : ....
b. Le romancier *fait* un nouveau livre : ....
c. L'enfant *fait* du piano : ....
d. L'écolier *fait* ses problèmes : ....

7 Rédige une phrase dans laquelle le verbe *couler* aura un sens* différent de celui qu'il a dans le texte (ligne 18).

....

12 LE FUTUR
LE MARCHÉ AUX OGRES

Marie se met devant l'étal¹ de la crémerie, bien en face de la vendeuse. Mais celle-ci fait exprès de ne pas la voir. Elle sert un vieux monsieur, puis une petite dame ronde, puis une grande pressée, puis une grosse avec trois cabas.

5   Marie finit par appeler :
« Et moi, madame ?
– Ah ! mais il faut te montrer, petite ! gronde la crémière, une vraie ogresse ronde et rouge. On ne voit pas un petit Poucet comme toi ! »
Marie est tellement émue qu'elle se trompe et donne deux francs de moins.
10 « Alors, on ne sait plus compter ? »
Et l'ogresse examine Marie comme si elle se demandait : « Je l'avale toute crue ou non ? »
Marie arrive toute rouge devant le marchand de fruits. Il ne va pas la voir, c'est sûr, et il ne la servira jamais. Mais non, pas du tout, il la voit tout de
15 suite :
« Alors, ma grande, fait-il avec un bon sourire, qu'est-ce que tu veux ? »
Marie est si contente qu'elle lui sourit en retour :
« Un kilo de pommes, s'il vous plaît, dit-elle.
– Tiens, le voilà, et je te donne un kiwi par-dessus le marché. Ça pousse au
20 pays des kangourous. Si tu en manges beaucoup, tu deviendras peut-être un kangourou. Ça sera commode pour faire le marché : plus besoin de filet ! »

Laurence Delaby, « Le Marché aux ogres », *Zoum et les Autres*, coll. « Castor Poche », éd. Flammarion.

1. étal : table sur laquelle on pose les marchandises dans un marché.

Lecture et compréhension

1 Vrai (V) ou faux (F) ? Entoure la bonne réponse.

a. La scène se passe dans un magasin.   V   F
b. Marie se rend chez le marchand de fruits puis chez la crémière.   V   F
c. La crémière oublie de servir Marie.   V   F
d. Marie la compare à une ogresse.   V   F
e. Le marchand de fruits s'intéresse à Marie.   V   F
f. Il lui offre une pomme.   V   F

2 Relève la première phrase :

a. de la crémière : « ....
.... »

b. du marchand de fruits : « ....
.... »

1 CASCADE EN CHOCOLAT

1 a. V. (Le titre *Charlie et la Chocolaterie* aide à répondre.)
b. F. (« Aucune autre chocolaterie du monde ne mélange son chocolat à la cascade ! », l. 9.)
c. V. (« J'appelle cela du smucre ! », l. 20).
d. F. (« Goûtez un brin ! », l. 20.)
e. F. (« Goûtez les boutons d'or ! [...] Ils sont encore meilleurs ! », l. 28.)
f. V. (Regarde comme M. Wonka parle : « Allez-y ! C'est délicieux ! », l. 20.)

2 Mots appartenant au champ* lexical de la surprise : « ébahis, confondus, stupéfaits, ahuris, subjugués, les yeux tout ronds ».

3

adjectif	nom	adverbe	verbe
léger(ère)	légèreté	légèrement	alléger
laid(e)	laideur	laidement	enlaidir
différent(e)	différence	différemment	différer
large	largeur	largement	élargir
étonnant(e)	étonnement	étonnamment	étonner

4 M. Wonka et ses invités étaient **descendus** au sous-sol où ils étaient **attendus** dans la salle du chocolat. La porte était **ouverte**. « Nous sommes **arrivés** au cœur de la fabrique ! » s'écria Charlie. Il était **ravi**.

5 a. Les enfants et leurs parents sont stupéfaits par ce qu'ils voient dans la chocolaterie.
b. L'enfant désobéissant est fouetté.
c. soucre, spucre, sbucre

2 LICHE, LACHE, LÉCHETTE !

1 a. Il y a trois personnages : Hansel, Gretel et la vieille femme.
b. Les enfants sont guidés par « un bel oiseau blanc ». (l. 1)
c. Les murs de la maisonnette sont « en pain ». (l. 6)
d. Les fenêtres sont de « sucre transparent ». (l. 7)
e. Hansel mange « un morceau du toit ». (l. 11)
f. Gretel mange « un morceau de la fenêtre ». (l. 19)
g. La maison est habitée par « une femme, vieille comme les pierres ». (l. 20)

2 a. déguster
b. engloutir
c. goûter
d. se gaver
e. savourer
f. grignoter

3 a. Le diminutif de Jean est Jeannot.
b. Celui de Marguerite est Margot.
c. Celui de Pierre est Pierrot.
d. Celui de Jeanne est Jeannette.

4 L'oiseau **a** conduit les enfants jusqu'**à** une maisonnette. Hans **a** dit **à** Gretel que la maison était comestible. Hans **a** ordonné **à** Gretel de manger la fenêtre puis il s'est mis **à** déguster le toit. Alors que les enfants prenaient goût **à** ce repas extraordinaire, une vieille femme **a** ouvert la porte avant de venir **à** leur rencontre.

5 a. oiseau : COD* de virent.
b. fenêtre : COD de mange.
c. morceau : COD de cassa.
d. carreaux : COD de lécher.

6 a. lécher : COI* de se mit.
b. manger : COI de continuèrent.

3 AU JARDIN PUBLIC

1 a. V.(Dans cette histoire, Marcel Pagnol se souvient de son enfance. Il dit « à cette époque » (l. 5).)
b. V. (« Le jeudi et le dimanche [...] elle me conduisait [...] au parc Borély », l. 2.)
c. F. (« Ma tante Rose était la sœur de ma mère », l. 1.)
d. V. (« Ce spectacle ne manquait pas d'intérêt », l. 11.)
e. F. (« Nous nous installions sur un banc », l. 18.)
f. F. (« Elle sortait un tricot de son sac », l. 20.)
g. V. (« Ma principale occupation était de lancer du pain aux canards », l. 22.)

2 a. tramway
b. gouverner
c. fourré
d. flottille
e. vaquer

3 Papa **est** instituteur. Tante Rose **est** la sœur de maman **et** elle **est** aussi jolie qu'elle. Tante Rose **est** la femme de l'oncle Jules **et** ils viennent déjeuner à la maison chaque dimanche. Paul **et** Germaine sont mon frère **et** ma sœur.

4 a. Rose, Borély
b. deux noms au choix dans la liste suivante : tante, sœur, mère, jeudi, dimanche, maison, tramway, parc
c. jolie
d. déjeuner
e. était, venait, conduisait
f. elle ou me
g. un déterminant au choix dans la liste suivante : ma (tante), la (sœur), le (jeudi), le (dimanche), un (tramway), au (parc).

5 a. époque : nom commun
b. gouverner : verbe à l'infinitif
c. fixe : adjectif qualificatif
d. ils : pronom personnel

4 LES MARCHÉS DE PLEIN AIR

1 a. le changement des **saisons** (l. 2)
b. le **printemps** (l. 2) et l'**hiver** (l. 5)
c. les oignons, les pois, les haricots, les pommes de terre nouvelles (l. 3)
d. Les carottes sont vendues en **vrac** ou en **botte** (l. 6)
e. les salades en **tas** (l. 8) et les tomates en **cageot** (l. 9)
f. L'artichaut s'achète en **bouquet** (l. 10) et l'asperge en **botte** (l. 11).

2

	masculin	féminin
saison	saisonnier	saisonnière
printemps	printanier	printanière
été	estival	estivale
automne	automnal	automnale
hiver	hivernal	hivernale

3 1 et C
2 et B
3 et A
4 et E
5 et D

4 frais, fraîche, fraîcheur, fraîchir, rafraîchir, fraîchement, rafraîchissement, à la fraîche.

5 a. annonce
b. recommande
c. choisissons
d. achètes

6 a. **les saisons** défilent.
b. **l'annonce** se fait
c. **les carottes** se retrouvent.

7 a. Les salades **sont**...
b. La tomate **se prélasse**...
c. L'artichaut **se vend**...

5 VOYAGE EN PÉNICHE

1 a. « Comme si soudain la nature se multipliait » (l. 5) ou « Il semblait à Gaspard qu'on avait ici entassé plusieurs mondes. » (l. 6).
b. « Plus loin, d'immenses rochers plongeaient dans la Meuse. » (l. 11).
c. « De temps à autre, l'homme qui l'avait accueilli le renseignait sur les noms et les lieux. » (l. 15)
d. « Jamais Gaspard n'avait rêvé d'une telle beauté. » (l. 22)

2 a. péniche
b. cargo
c. barque
d. paquebot
e. transatlantique

3 a. Une contrée est : une **région**.
b. une citadelle est : une **forteresse**.
c. un beffroi est : (on peut fournir deux réponses) : une **sorte de clocher** ou une **tour** munie d'une cloche destinée à donner l'alarme.

4 a. païenne
b. mignonne
c. polissonne
d. moyenne

5 a. C'est après Waulsort que Gaspard vit des châteaux.
b. Ce sont d'immenses rochers qui plongent dans la Meuse.
c. C'est par des échancrures qu'on aperçoit des ruines anciennes.

6 UNE BAIGNADE MOUVEMENTÉE

1 a. Les baigneurs s'appellent : Poil de Carotte et son frère Félix.
b. Pour Poil de Carotte, apprendre à nager c'est : « faire aller ses bras tandis que ses genoux marcheront sur le sable » (l. 19).

2 Les bonnes réponses sont : **b** et **c**.

3 1 et D
2 et C
3 et B
4 et A

4 a. grelotter : frissonner, trembler, claquer des dents.
b. suffoquer : (s')étouffer, s'asphyxier.

5 Monsieur X
C'était un vieux **hibou**
affreux comme un **pou**
avec son **caillou**
nu comme mon **genou**.

Mais comme il était **chou**
quand il faisait **joujou**
avec son chien **Bijou** !

6 tu appuies, nous appuyons
je cède, vous cédez
nous plongeons, ils plongent
tu enfonces, nous enfonçons

7 LA BAGUETTE DES FÉES

1

Si la baguette est :	elle sert de :	Christophe se prend pour :
a. longue et droite	lance ou épée	un général
b. flexible	fouet	un cavalier
c. petite	xxxxxxxxxxxx	un chef d'orchestre

2 Le nom du conte est **Cendrillon**.

3 1 et E
2 et C
3 et B
4 et A
5 et D

4 a. imagination ou imaginaire
b. transformation ou transformateur
c. pari
d. salut ou salutation
e. ordonnance, ordre, ordinateur, ordination, ordonnancier ou ordonnancement.

5 a. On a du mal à transformer une fleur en carosse, quand **on n'**est pas magicien.
b. Si **on** est un jeune magicien, **on n'**a pas encore beaucoup d'expérience.

6 a. Le nom **lance** est attribut du sujet **elle** (l. 4).
b. Le nom **général** est attribut du sujet **Christophe** (l. 6).
c. L'adjectif **flexible** est attribut du sujet **branche** (l. 8).
d. L'adjectif **petite** est attribut du sujet **baguette** (l. 13).
e. Le nom **chef** est attribut du sujet **il** (l. 15).
f. Le nom **orchestre** est attribut du sujet **il** (l. 15).

8 TANTE MÉLINA

1 N^{os}
a. 4
b. 3
c. 1
d. 2
e. 5

2 a. très méchante (l. 14).
b. les pincer (l. 18).
c. leur tirer les cheveux (l. 18).
d. les obliger à manger d'un pain et d'un fromage qu'elle avait mis à moisir en prévision de leur visite (l. 19 et 20).

3 a. journalier
b. hebdomadaire
c. mensuel
d. trimestriel
e. annuel

4 1 et B / 2 et C / 3 et A

5

présent	imparfait
nous crions	nous criions
nous faisons	je faisais
nous pinçons	il pinçait
nous mangeons	je mangeais
nous effrayons	nous effrayions

6 a. Les répliques sont précédées d'un **tiret** et débutent par une lettre **majuscule**.
b.
– **P**auvres enfants, soupira le chat. Pour un vieux plat déjà ébréché, c'est être bien sévère.
– **D**e quoi te mêles-tu ? Mais, puisque tu les défends, c'est peut-être que tu les as aidées à casser le plat ?
– **O**h ! non, dirent les petites. Alphonse n'a pas quitté la fenêtre.

9 OPÉRATION POISSON ROUGE

1 Bennett et **Mortimer** gardent **César**, le poisson rouge de leur ami **Bromo**. César manque d'exercice, mais malheureusement il est impossible de le promener **au bout d'une laisse**. Pour le changer d'eau, les deux enfants veulent lui faire faire **quelques brasses dans la piscine**.
Mais comment s'y prendre pour le **récupérer** ensuite ? La décision est prise : ils placeront César dans un **filet à papillons** avant de le **plonger** dans la piscine. Ainsi, il ne pourra pas **s'échapper**.

2 a. suggestion
b. bord
c. direction
d. opération

3 a. hérissé de difficultés : plein de complications, rempli de problèmes
b. songeur : pensif, préoccupé

4 a. Peux-tu **promener** ...
b. Ils ont **décidé** de **placer** ...
c. Regarde César **nager** ...

5 a. Ils **ont** vu ...
b. Ils **ont** voulu ...
c. Pourtant **on** leur avait interdit ...
d. Mais ils n'**ont** pas voulu.

6 Passé simple

je plaç**ai**	je plonge**ai**	je march**ai**
tu plaç**as**	tu plonge**as**	tu march**as**
il plaç**a**	il plonge**a**	il march**a**
nous plaç**âmes**	nous plonge**âmes**	nous march**âmes**
vous plaç**âtes**	vous plonge**âtes**	vous march**âtes**
ils plac**èrent**	ils plong**èrent**	ils march**èrent**

10 LE JARDINIER

1 a. *Le Jardinier*
b. la tête
c. le vert

2 1 et E
2 et D
3 et F
4 et B
5 et C
6 et A

3 En retournant l'image, tu peux découvrir un saladier (un récipient, une marmite) contenant des légumes.

4 Voici quatre mots de la même famille que *jardinier* (au choix parmi les suivants) :
jardiner, (verbe)
jardinage (nom commun), jardinière (nom commun)
jardinet (nom commun), jardinerie (nom commun)

5 a. œil
b. bouche
c. nez
d. front
e. dent

6 le ch**ou**, le b**out**, la j**oue**, la r**oue**, le hib**ou**, g**oût**.

7 Passé composé
j'**ai** jardin**é**   j'**ai** peint   je **suis** all**é(e)**
tu **as** jardin**é**   tu **as** peint   tu **es** all**é(e)**
il **a** jardin**é**   il **a** peint   il, elle **est** all**é(e)**
nous **avons** jardin**é** nous **avons** peint   nous **sommes** all**é(e)s**
vous **avez** jardin**é**   vous **avez** peint   vous **êtes** all**é(e)s**
ils **ont** jardin**é**   ils **ont** peint   ils, elles **sont** all**é(e)s**

11 LES RECETTES DE VENDREDI

1 a. **F.** (« Un bon cuisinier ne doit pas mélanger [...] le sel et le sucre », l. 1 à 3.)
b. **V.** (« Vendredi lui montra que ces mélanges sont quelquefois possibles », l. 4.)
c. **F.** (« il farcissait le lapin avec des prunes. », l. 11.)
d. **V.** (« Il lui montra une sorte de palmier ventru [...] elle se caramélisait. », l. 14 à 20.)

2 a. Faire une série de fentes dans l'épaisseur de la viande.
b. Glisser dans chaque fente une huître ou une moule crue.
c. Faire rôtir la tranche de pécari.

3 viande, poisson, sel, sucre, huître, moule, coquillages, ananas, lapin, prunes, fruits.

4 a. un **agréable** séjour
b. une histoire **drôle**
c. une **grande** distance
d. un **excellent** cuisinier

5 Je crois que **c'est** Vendredi qui a expliqué **ces** nouvelles recettes à Robinson. Il les tient de **ses** ancêtres. **C'est** une découverte pour Robinson que tous **ces** plats délicieux et **ces** succulents desserts. Sans Vendredi, **ses** repas n'auraient pas été aussi exotiques ! Robinson **s'est** aperçu que l'on pouvait mélanger le sucré et le salé.

6 a. Le maçon **construit** (**monte**) un mur.
b. Le romancier **écrit** (**rédige**) un nouveau livre.
c. L'enfant **joue** du piano.
d. L'écolier **résout** ses problèmes.

7 Le bateau a coulé à cause de la tempête.

12 LE MARCHÉ AUX OGRES

1 a. **F.** (« Marie se met devant l'étal de la crémerie. », l. 1.)
b. **F.** (l. 1 et 14.)
c. **V.** (« Mais celle-ci fait exprès de ne pas la voir », l. 2.)
d. **V.** (« une vraie ogresse ronde et rouge », l. 7.)
e. **V.** (« Mais non, pas du tout, il la voit tout de suite. », l. 14.)
f. **F.** (« Je te donne un kiwi par-dessus le marché », l. 19.)

2 a. La crémière : « Ah ! mais il faut te montrer, petite ! (...) On ne voit pas un petit Poucet comme toi ! »
b. Le marchand de fruits : « Alors, ma grande (...) qu'est-ce que tu veux ? »

3 serviable, service, servir, servage, servant, serveur, asservir, asservissement, resservir, desservir.

4

adjectif	nom	adverbe	verbe
rond(e)	rondeur	rondement	arrondir
petit(e)	petitesse petit rapetissement	petitement	rapetisser
grand(e)	grandeur agrandissement agrandisseur	grandement	grandir agrandir

5 Futur

je servir**ai**	je plier**ai**	je fer**ai**
tu servir**as**	tu plier**as**	tu fer**as**
il servir**a**	il plier**a**	il fer**a**
nous servir**ons**	nous plier**ons**	nous fer**ons**
vous servir**ez**	vous plier**ez**	vous fer**ez**
ils servir**ont**	ils plier**ont**	ils fer**ont**

6 a. *vieux* : adjectif qualificatif, épithète du nom *monsieur*.
b. *petite* : adjectif qualificatif, épithète du nom *dame*.
c. *fruits* : nom commun, complément du nom *marchand*.
d. *pommes* : nom commun, complément du nom *kilo*.
e. *kangourous* : nom commun, complément du nom *pays*.

13 Un Martien

1 Tu peux choisir trois des éléments suivants :
– le lieu et l'heure : « Planète Mars, neuf heures du soir. »
– l'en-tête : « Cher papa, chère maman. »
– la formule finale : « Portez-vous bien et à bientôt, j'espère. »
– la signature : « Félicien. »
– le post-scriptum : « PS et PPS. »

2 a. V. (Le texte est écrit à la première personne du singulier et signé *Félicien*.)
b. V. (« J'espère que vous vous êtes bien inquiétés depuis ce matin », l. 3.)
c. F. (« En tout cas, je me plais bien sur Mars. », l. 10.)
d. V. (« Personne ne fait de réflexions [...] à qui je fais allusion. », l. 12 à 14.)
e. V. et **f. V.** (« Vous n'avez qu'à laissez le colis et la lettre devant la porte du grenier. Ne vous inquiétez pas, ça arrivera. », l. 21 à 22.)

3 a. un chercheur
b. un observateur
c. un faiseur
d. un demandeur
e. un porteur

4 a. « Papa a dit » ou « D'ailleurs papa a dit »
b. très, extrêmement sympathique
c. de nombreuses choses

5 **Ce** matin-là, Augustin **se** décide à partir pour la Lune. À l'idée de **ce** départ, il **se** sent tout excité. Il prépare tout **ce** qu'il va devoir embarquer à bord de **ce** vaisseau spatial, acheté pour **ce** voyage. Puis, lorsque tout est prêt, il **se** hisse jusqu'à la cabine. Pour **ce** petit Terrien, c'est le début d'une grande aventure.

6 a. Tu peux choisir quatre verbes parmi les suivants :
« j'ai observé, j'ai vu, papa a dit, je suis arrivé, j'ai juré »
b. Au plus-que-parfait :
j'avais observé, j'avais vu, papa avait dit, j'étais arrivé, j'avais juré.

14 L'explorateur et le géographe

1 a. V. (« La sixième planète était une planète dix fois plus vaste », l. 1.)
b. F. (« Je suis géographe, dit le vieux Monsieur. », l. 7.)
c. V. (« Tiens ! voilà un explorateur ! s'écria-t-il, quand il aperçut le petit prince. », l. 3.)
d. F. (Le texte est raconté par un narrateur extérieur : il est à la troisième personne du singulier et parle du Petit Prince.)
e. V. (Le géographe est « un savant qui connaît où se trouvent les mers, les fleuves, les villes, les montagnes et les déserts », l. 9 ; l'explorateur est une personne « qui va faire le compte des villes, des fleuves, des montagnes, des mers, des océans et des déserts. », l. 19-20).

2 b. un biographe
c. la biologie
d. la géologie
e. un géomètre
f. un chronomètre
g. la chronologie

3 Le septième verbe est **apercevoir** (l. 3).

4 Tu peux choisir ...
a. – toute phrase se terminant par un point. Exemple : « La sixième planète était une planète dix fois plus vaste. »
b. – toute phrase se terminant par un point d'exclamation. Exemple : « Mais vous êtes géographe ! »
c. – toute phrase se terminant par un point d'interrogation. Exemple : « D'où viens-tu ? »

15 Sorcières, sorcières !

1 a. F. (« Les sorcières adorent se retrouver entre elles », l. 1.)
b. F. (« elles se disent la bonne aventure dans les feuilles de thé », l. 7.)
c. V. (« Les traces laissées [...] le futur lointain. », l. 15.)
d. F. et **e. V.** (« Les taches en forme de croix, d'épée, de fusil, de crapaud, de serpent, ou de chat sont de mauvais présages », l. 17 à 20.)

2 a. « les sorties en voiture » (l. 3), « les sorcières regardent la télévision » (l. 6.)
b. « Essayez d'utiliser ce procédé... » (l. 22.)

3 a. se retrouver
b. entamer
c. extraire

4 a. foie
b. près
c. tâche
d. goutter

Corrigés

5 raisonner – fameuse – tasser – amusement – dépasser – présager – moisson – poissonneux – utilisation – embrasser.

6 a. Le COD* du verbe *passe* est le mot : **la**.
Sa nature est : pronom personnel.
Le COS* du verbe *passe* est le mot : **voisine**.
Sa nature est : nom commun.
b. Le COD du verbe *demander* est le mot : **conseil**.
Sa nature est : nom commun.
Le COS du verbe *demander* est le mot : **grand-mère**.
Sa nature est : nom commun.

7 après leur goûter : CCT* de s'amuser.
dans sa main gauche : CCL* de tourner.
près de l'anse : CCL* de laissées.
dans le milieu : CCL de laissées.

16 On ne doit pas s'étonner

1 a. des cerises
b. des bananes
c. des pommes
d. des hommes

2 a. des chiens
b. des escarpins
c. des songes
d. des noisettes

3 a. Un escarpin est : une **chaussure**.
b. Un songe est : un **rêve**.
c. Une fauvette est : un **oiseau**.

4 a. noisetier
b. noyer
c. mirabellier
d. oranger
e. citronnier
f. marronnier

5 a. un somm**eil**
b. une corb**eille**
c. une gros**eille**
d. un cons**eil**
e. un appar**eil**
f. une corn**eille**

6 Conditionnel présent

je viendr**ais**	j'étonner**ais**	je fer**ais**
tu viendr**ais**	tu étonner**ais**	tu fer**ais**
il viendr**ait**	il étonner**ait**	il fer**ait**
nous viendr**ions**	nous étonner**ions**	nous fer**ions**
vous viendr**iez**	vous étonner**iez**	vous fer**iez**
ils viendr**aient**	ils étonner**aient**	ils fer**aient**

17 Un merveilleux palais

1 Sont entourées les phrases :
a. (Tout le texte est une description du château.)
c. (« Les murs sont de corail, les fenêtres de bel ambre jaune. »,
l. 2. L'ensemble est bien jaune et orangé.)
e. (« Devant le château était un grand jardin », l. 11.)
f. (« Des arbres d'un bleu sombre ou d'un rouge de feu », l. 12.)

Ne sont pas entourées les phrase :
b. (« C'est de son château qu'il s'agit », l. 1.)
d. (« ils – les poissons – mangeaient dans la main des petites princesses », l. 10.)
g. (« Les jours de calme, on pouvait apercevoir le soleil », l. 18.)

2 a. les fruits à « de l'or » (l. 13.)
b. les fleurs à de « petites flammes » (l. 14.)
c. le soleil à une « petite fleur de pourpre » (l. 18.)

3

adjectif	verbe	nom
jaune	jaunir	le jaune
bleu	bleuir	le bleu
rouge	rougir	le rouge
blanc	blanchir	le blanc

4 L'intrus :
a. une joue
b. maternel
c. un ouvrage
d. une calamité

5 L'anomalie orthographique :
a. honneur (c'est le seul mot de cette famille qui s'orthographie avec deux « n »)
b. famille (c'est le seul mot de cette famille qui s'orthographie avec deux « l »)
c. chariot (c'est le seul mot de cette famille qui s'orthographie avec un seul « r »)

6

	nature	fonction
château	nom commun	sujet inversé de *se trouve*
jaune	adjectif qualificatif	épithète du nom *ambre*
coquillages	nom commun	complément du nom *toit*
qui	pronom relatif	sujet de *s'ouvrent*
honneur	nom commun	COD* de *ferait*
couronne	nom commun	COS* de *ferait*
journée	nom commun	CCT* de *jouaient*
salles	nom commun	CCL* de *jouaient*
jardin	nom commun	sujet inversé de *était*

18 UN CHOUETTE VOYAGE

1 L'histoire se passe un **dimanche**. Nicolas et ses parents **se rendent à la campagne**. Ils sont invités par la famille **Bongrain**. Le père de Nicolas a raté **le feu rouge**. Ils se sont **perdus** et sont arrivés presque **à l'heure du déjeuner**.

2 Les titres qui conviennent sont **b.** ou **d.**

3 **a.** une **ancienne** maison
b. un **méchant** garçon
c. j'étais bien **mécontent**
d. le carrefour **précédent**

4 **a.** passage, passant, passeur
b. faiseur, fait
c. tournage, tournant
d. chanteur, chantage, chanson, chant

5 **a.** Nous sommes contents.
b. Papa et Maman chantaient.
c. Nous ne pouvions pas avancer.
d. Vous dites vrai.
e. Nous triions nos affaires.

6 **a.** Un **agréable** voyage.
b. M. Bongrain **est** comptable, **exerce le métier de** comptable, **travaille comme** comptable.
c. Papa, Maman et moi **sommes partis** assez tôt le matin **en** voiture.
d. Une pancarte **sur laquelle** était écrit : « Détour ».
e. Papa a demandé son chemin à **de nombreuses personnes**.

COCHER C'EST GAGNER !

	1	2	3	4	5
SÉQUENCE 1 :	a.	a.	b.	c.	b.
SÉQUENCE 2 :	b.	c.	b.	b.	c.
SÉQUENCE 3 :	c.	b.	a.	a.	c.
SÉQUENCE 4 :	a.	a.	b.	b.	c.
SÉQUENCE 5 :	b.	b.	c.	c.	a.
SÉQUENCE 6 :	a.	a.	c.	c.	c.
SÉQUENCE 7 :	a.	b.	a.	b.	a.
SÉQUENCE 8 :	a.	b.	a.	b.	b.
SÉQUENCE 9 :	b.	c.	a.	c.	a.
SÉQUENCE 10 :	a.	b.	a.	a.	b.
SÉQUENCE 11 :	b.	a.	a.	b.	c.
SÉQUENCE 12 :	b.	a.	c.	b.	b.
SÉQUENCE 13 :	a.	b.	b.	a.	c.
SÉQUENCE 14 :	a.	b.	b.	b.	b.
SÉQUENCE 15 :	a.	b.	b.	b.	c.
SÉQUENCE 16 :	b.	b.	a.	a.	c.
SÉQUENCE 17 :	a.	b.	c.	b.	b.
SÉQUENCE 18 :	b.	a.	b.	a.	b.

Un doute sur l'orthographe d'un mot, une hésitation sur l'accord d'un participe passé ?

Maxi Mémento te donne la réponse !

Le complément idéal de tes cours pour retrouver une règle ou approfondir un point de français : tout le programme de la 6ᵉ à la 3ᵉ en 172 fiches.

Vocabulaire

3 Le verbe *servir* est formé du radical* *serv-* et du suffixe* verbal *-ir*.
Avec les préfixes* et les suffixes ci-dessous, forme dix mots appartenant à la famille* de *servir* :
préfixes : a(s)-, re(s)-, de(s)- / **suffixes** : -iable, -ice, -ir, -age, -ant, -eur, -issement.

.... , ... , ... , ... ,
.... , ... , ... , ... ,
.... , ...

4 Complète le tableau suivant.

adjectif qualificatif*	nom	adverbe	verbe
rond(e)	....	....	....
petit(e)	....	....	....
grand(e)	....	....	....

Orthographe

5 AIDE 18

Orthographie correctement les verbes suivants au futur.

	servir	plier	faire
je	....	....	....
tu	....	....	....
il	....	....	....
nous	....	....	....
vous	....	....	....
ils	....	....	....

Le sais-tu ?
Petit fruit à la peau marron et duveteuse, à la chair verte et juteuse, le kiwi a d'abord été connu sous le nom de « groseille de Chine », pays d'où il est originaire. C'est seulement en 1910, lorsque ce fruit fut introduit en Nouvelle-Zélande, qu'il reçut le nom de « kiwi » : en le plaçant sous le parrainage de leur mascotte nationale, un oiseau sans ailes nommé kiwi, les Néo-Zélandais espéraient donner toutes ses chances à cette nouvelle culture. Pari tenu !

Grammaire

6 AIDES 25 et 26

Dans les expressions suivantes, donne la nature* et la fonction* des mots soulignés.

	nature	fonction	
a. un <u>vieux</u> monsieur	....	....	du nom *monsieur*
b. une <u>petite</u> dame	....	....	du nom ....
c. le marchand de <u>fruits</u>	....	....	du nom ....
d. un kilo de <u>pommes</u>	....	....	du nom ....
e. au pays des <u>kangourous</u>	....	....	du nom ....

Cocher c'est gagner !

Pour chacun des cinq exercices d'une même séquence, coche la bonne réponse. Après avoir consulté les corrigés (en p. 7 du cahier détachable), inscris ton score sur 5 dans la case prévue à cet effet. Si tu totalises moins de 3 points sur une séquence, nous te conseillons de la retravailler.

SÉQUENCE 7 (pp. 18-19)

1 *Métamorphoser* est synonyme* de :
a. transformer radicalement ❑
b. embellir ❑
c. améliorer ❑

2 Le mot *tranquillement* est :
a. un nom ❑
b. un adverbe ❑
c. un adjectif ❑

3 Coche la phrase correctement orthographiée.
a. On n'a pas fini de s'amuser. ❑
b. On a pas fini de s'amuser. ❑
c. On a pas finit de s'amuser. ❑

4 Coche la phrase dans laquelle *joli* est attribut* du sujet.
a. Joli, ce saut périlleux ! ❑
b. Ce saut périlleux est joli. ❑
c. Quel joli saut périlleux ! ❑

5 Coche la phrase comportant un nom attribut*.
a. Ce canard est une brave bête. ❑
b. Les fillettes s'amusent gentiment. ❑
c. Le garçon est dans le jardin. ❑

SÉQUENCE 8 (pp. 20-21)

1 *Bisannuel* signifie :
a. tous les deux ans ❑
b. deux fois par an ❑
c. trois fois par an ❑

2 *Obscur* est le contraire de :
a. sombre ❑
b. clair ❑
c. ordinaire ❑

3 À la première personne du pluriel du présent, *crier* s'écrit :
a. nous crions ❑
b. nous criont ❑
c. nous crieons ❑

4 *Je plongeai* est la première personne :
a. de l'imparfait de *plonger* ❑
b. du passé simple de *plonger* ❑
c. du futur simple de *plonger* ❑

5 La phrase tirée d'un dialogue* est :
a. Le chat dit bonjour au coq. ❑
b. « Bonjour. Comment vas-tu ? » ❑
c. Le coq demande à la poule si elle va bien. ❑

SÉQUENCE 9 (pp. 22-23)

1 « Être heureux comme un poisson dans l'eau », c'est :
a. nager avec plaisir ❑
b. être très heureux ❑
c. être heureux de savoir nager ❑

2 Le nom de la même famille* que *saisir* est :
a. saisissant ❑
b. saisis ❑
c. saisissement ❑

3 Coche la phrase correctement orthographiée.
a. Ils ont travaillé sérieusement. ❑
b. Ils ont travailler sérieusement. ❑
c. Ils on travaillé sérieusement. ❑

4 À la première personne du singulier du passé simple, *chanter* s'écrit :
a. je chanta ❑
b. je chantais ❑
c. je chantai ❑

5 *Ils dansèrent* est la troisième personne du pluriel :
a. du passé simple de *danser* ❑
b. du présent de *danser* ❑
c. de l'imparfait de *danser* ❑

TOTAL SÉQUENCE 7 /5   TOTAL SÉQUENCE 8 /5   TOTAL SÉQUENCE 9 /5

SÉQUENCE 10 (pp. 24-25)

1 Le verbe *plaindre* est de la même famille* que :
a. plainte .... ❏
b. plinte .... ❏
c. plaine .... ❏

2 La définition de *verger* est :
a. un lieu planté d'herbe .... ❏
b. un lieu planté d'arbres fruitiers . ❏
c. un lieu où l'on cultive
des légumes .... ❏

3 Coche le nom correctement orthographié.
a. le genou .... ❏
b. le genoux .... ❏
c. le genoue .... ❏

4 Coche la forme correctement conjuguée au passé composé.
a. Elle est venue .... ❏
b. Elle est venu .... ❏
c. Elle est venus .... ❏

5 Coche la forme correctement conjuguée au passé composé.
a. j'ai manger .... ❏
b. j'ai mangé .... ❏
c. j'ai mangée .... ❏

SÉQUENCE 11 (pp. 26-27)

1 Étymologiquement*, *vendredi* signifie :
(cherche dans le dictionnaire)
a. le jour de la viande .... ❏
b. le jour de Vénus .... ❏
c. le jour du marché .... ❏

2 Le synonyme* de *gauche* est :
a. maladroit .... ❏
b. habile .... ❏
c. gaucher .... ❏

3 Coche la phrase correctement orthographiée.
a. C'est dimanche .... ❏
b. Ce sont s'est chaussures qu'il désire .... ❏
c. Il aime ce réunir avec ces amis . ❏

4 « Aller contre vents et marées » signifie :
a. naviguer par mauvais temps ... ❏
b. faire quelque chose sans tenir compte des obstacles .... ❏
c. faire quelque chose
à contrecœur .... ❏

5 La femelle du *porc* est :
a. la truite .... ❏
b. la pécari .... ❏
c. la truie .... ❏

SÉQUENCE 12 (pp. 28-29)

1 Le *kangourou* est originaire :
a. d'Amérique .... ❏
b. d'Australie .... ❏
c. d'Afrique .... ❏

2 *Large* est un adjectif qualificatif* de la même famille* que :
a. élargir .... ❏
b. agrandir .... ❏
c. larguer .... ❏

3 Coche la forme correctement conjuguée au futur.
a. je sera .... ❏
b. il serat .... ❏
c. je serai .... ❏

4 « C'était un beau matin. » *beau* est :
a. attribut .... ❏
b. épithète .... ❏
c. complément du nom ...... ❏

5 Coche la phrase contenant un complément du nom.
a. Il parle de sa mère .... ❏
b. Il apprend sa leçon
de géographie .... ❏
c. Il raconte une histoire
à sa sœur .... ❏

TOTAL SÉQUENCE 10	/5
TOTAL SÉQUENCE 11	/5
TOTAL SÉQUENCE 12	/5

13 LE PLUS-QUE-PARFAIT
UN MARTIEN

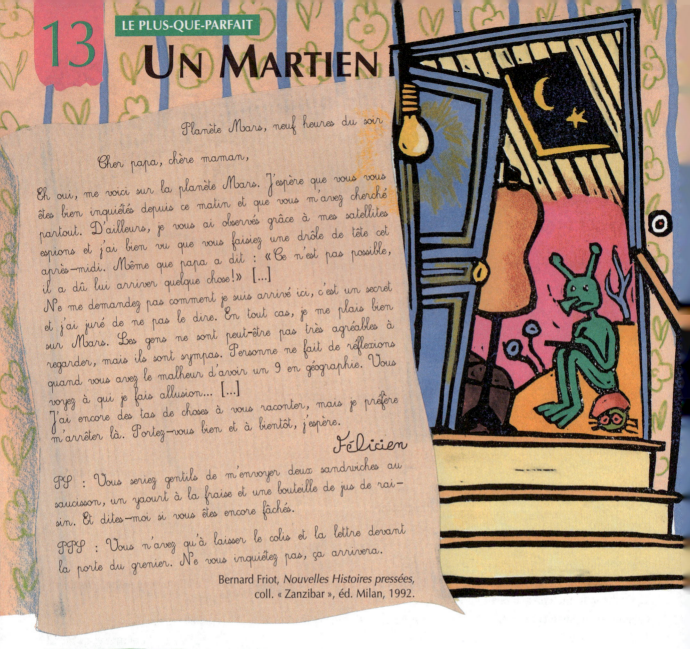

Planète Mars, neuf heures du soir

Cher papa, chère maman,

Eh oui, me voici sur la planète Mars. J'espère que vous vous êtes bien inquiétés depuis ce matin et que vous m'avez cherché partout. D'ailleurs, je vous ai observés grâce à mes satellites espions et j'ai bien vu que vous faisiez une drôle de tête cet après-midi. Même que papa a dit : « Ce n'est pas possible, il a dû lui arriver quelque chose ! » [...]
Ne me demandez pas comment je suis arrivé ici, c'est un secret et j'ai juré de ne pas le dire. En tout cas, je me plais bien sur Mars. Les gens ne sont peut-être pas très agréables à regarder, mais ils sont sympas. Personne ne fait de réflexions quand vous avez le malheur d'avoir un 9 en géographie. Vous voyez à qui je fais allusion... [...]
J'ai encore des tas de choses à vous raconter, mais je préfère m'arrêter là. Portez-vous bien et à bientôt, j'espère.

Félicien

PS : Vous seriez gentils de m'envoyer deux sandwiches au saucisson, un yaourt à la fraise et une bouteille de jus de raisin. Et dites-moi si vous êtes encore fâchés.

PPS : Vous n'avez qu'à laisser le colis et la lettre devant la porte du grenier. Ne vous inquiétez pas, ça arrivera.

Bernard Friot, *Nouvelles Histoires pressées*, coll. « Zanzibar », éd. Milan, 1992.

Lecture et compréhension

1 Relève trois éléments du texte qui montrent qu'il s'agit d'une lettre.

a. ....
b. ....
c. ....

2 Vrai (V) ou faux (F) ? Entoure la bonne réponse.

a. Le narrateur* s'appelle Félicien.   V   F
b. Il dit être sur Mars depuis le matin.   V   F
c. Mars est un endroit qu'il trouve désagréable à vivre.   V   F
d. Avant son départ, l'enfant s'était disputé avec ses parents.   V   F
e. L'enfant espère une lettre de ses parents.   V   F
f. La planète Mars pourrait bien n'être que le grenier.   V   F

Vocabulaire

3 « Comment s'appelle celui qui … ? » Ajoute le suffixe* -eur au radical* des verbes ci-dessous (attention, il faut parfois faire une modification).

a. cherche → un ....
b. observe → un ....
c. fait → un ....
d. demande → un ....
e. porte → un ....

4 Remplace les expressions suivantes qui appartiennent au langage* familier par des expressions de même sens* appartenant au langage* courant.

a. Même que papa a dit : ....
b. super sympa : ....
c. des tas de choses : ....

Le robot *Sojourner* sur le sol de Mars, Juillet 1997. © Nasa/Science Photo Library

Le sais-tu ?

Comme la Terre, Mars tourne sur elle-même en 24 heures environ et connaît des saisons bien différenciées. Là s'arrêtent les ressemblances. La pression atmosphérique au niveau du sol martien est deux cents fois moins élevée qu'au niveau du sol terrestre, ce qui ne permet pas à l'eau d'exister sous une forme liquide. Le vent y est très fort et la végétation inexistante. Pour les scientifiques, l'existence des Martiens n'est plus à l'ordre du jour. Mais rien ne permet encore d'affirmer qu'il n'existe pas de vie sur Mars.

Orthographe

5 AIDE 6

Remplace les blancs par *ce* ou *se*.

.... matin-là, Augustin .... décide à partir pour la Lune. À l'idée de .... départ, il .... sent tout excité. Il prépare tout .... qu'il va devoir embarquer à bord de .... vaisseau spatial, acheté pour .... voyage. Puis, lorsque tout est prêt, il .... hisse jusqu'à la cabine. Pour .... petit Terrien, c'est le début d'une grande aventure.

Conjugaison

6 AIDE 19

a. Dans le passage commençant à « D'ailleurs » et se terminant à « sur Mars », relève quatre verbes conjugués au passé composé.

....
....

b. Mets ensuite ces quatre verbes au plus-que-parfait.

....
....

14 — LES DIFFÉRENTS TYPES DE PHRASES

L'EXPLORATEUR ET LE GÉOGRAPHE

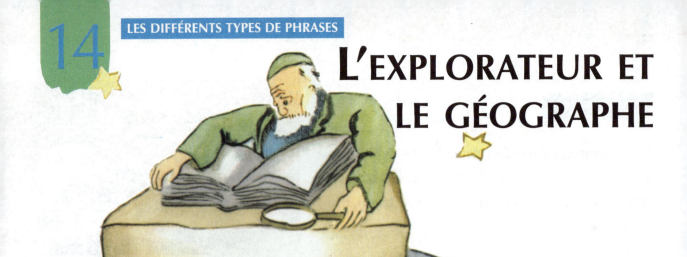

La sixième planète était une planète dix fois plus vaste. Elle était habitée par un vieux Monsieur qui écrivait d'énormes livres.
– Tiens ! voilà un explorateur ! s'écria-t-il, quand il aperçut le petit prince.
Le petit prince s'assit sur la table et souffla un peu. Il avait déjà tant voyagé !
5 – D'où viens-tu ? lui dit le vieux Monsieur.
– Quel est ce gros livre ? dit le petit prince. Que faites-vous ici ?
– Je suis géographe, dit le vieux Monsieur.
– Qu'est-ce qu'un géographe ?
– C'est un savant qui connaît où se trouvent les mers, les fleuves, les villes, les montagnes et les déserts.
10 – Ça c'est bien intéressant, dit le petit prince. Ça c'est enfin un véritable métier ! Et il jeta un coup d'œil autour de lui sur la planète du géographe. [...]
– Elle est bien belle, votre planète. Est-ce qu'il y a des océans ?
– Je ne puis pas le savoir, dit le géographe.
– Ah ! (Le petit prince était déçu.) Et des montagnes ?
15 – Je ne puis pas le savoir, dit le géographe.
– Et des villes et des fleuves et des déserts ?
– Je ne puis pas le savoir non plus, dit le géographe.
– Mais vous êtes géographe !
– C'est exact, dit le géographe, mais je ne suis pas explorateur. [...] Ce n'est pas le géographe qui va faire le
20 compte des villes, des fleuves, des montagnes, des mers, des océans et des déserts. Le géographe est trop important pour flâner. Il ne quitte pas son bureau. Mais il y reçoit les explorateurs.

Antoine de Saint-Exupéry, *Le Petit Prince*, éd. Gallimard, 1946.

Lecture et compréhension

1 Vrai (V) ou faux (F) ? Entoure la bonne réponse.

a. L'histoire se passe sur la sixième planète.   V   F
b. Le vieux Monsieur est un physicien.   V   F
c. Il pense que le petit prince est explorateur.   V   F
d. C'est le petit prince qui raconte l'histoire.   V   F
e. Le vieux Monsieur explique la différence entre un géographe et un explorateur.   V   F

Vocabulaire

2 Voici une liste de radicaux* et de suffixes* grecs avec leur signification.

géo : terre graphe : qui écrit
bio : vie mètre : qui mesure
chrono : temps logie : science qui étudie

En t'inspirant du mot *géographe*, trouve le nom qui correspond à chaque définition.
a. Celui qui écrit sur la Terre : un géographe
b. Celui qui écrit la vie de quelqu'un : . . . .
c. Science qui étudie la vie : . . . .
d. Science qui étudie la Terre : . . . .
e. Celui qui mesure la Terre : . . . .
f. Appareil qui mesure le temps : . . . .
g. Science qui étudie la succession des événements dans le temps : . . . .

Le sais-tu ?
Auteur du Petit Prince, *dans lequel il célèbre l'amour et l'amitié, Antoine de Saint-Exupéry (1900-1944) a écrit d'autres œuvres inspirées de son expérience d'aviateur et dans lesquelles il célèbre la grandeur de l'homme :* Vol de nuit *(1931) ou* Terre des hommes *(1939). Pilote de ligne, il organise le transport du courrier vers l'Argentine. Pilote militaire, il participe à la Seconde Guerre mondiale. Il disparaît au cours d'une mission au large de la Corse le 31 juillet 1944.*

Orthographe

3 **Les verbes commençant par le préfixe* *ap-* s'écrivent avec deux « p ».**
Mais, sept verbes font exception à cette règle : ils ne prennent qu'un « p ». En voici six :
apaiser – apostropher – apitoyer – apeurer – aplanir – aplatir.

Cherche le septième dans le texte et recopie-le : . . . .

Grammaire

4 **Relève dans le texte :**
a. une phrase* déclarative : . . . .
b. une phrase exclamative : . . . .
c. une phrase interrogative : . . . .

15 SORCIÈRES, SORCIÈRES !

LE COD ET LE COS

Les sorcières adorent se retrouver entre elles. Les cafés matinaux, les tournois de crapette, les sorties en voiture, les parties de tennis et les thés sont autant de bonnes raisons pour
5 entamer de fameuses parlotes. Pour s'amuser après leur goûter, les sorcières regardent la télévision ou se disent l'une à l'autre la bonne aventure dans les feuilles de thé (elles n'utilisent jamais d'infusettes !). Après avoir bu sa tasse, chaque sorcière la
10 passe à sa voisine de gauche qui la fait tourner trois fois dans sa main gauche pour en extraire les dernières gouttes. Les traces laissées près de l'anse représentent l'avenir proche,
15 dans le milieu de la tasse ce sont les événements un peu plus éloignés, et au fond le futur lointain. Les taches en forme de croix, d'épée, de fusil, de crapaud, de serpent ou de chat sont de
20 mauvais présages. Les taches en lune, en fleur, en trèfle, en corbeau, en arbre ou en sept prédisent une bonne fortune. Essayez d'utiliser ce procédé, et n'hésitez pas à demander conseil à votre grand-mère.

Colin Hawkins, *Les Sorcières*, traduit par Claude Lauriot Prévost, éd. Albin Michel Jeunesse, 1981.

Lecture et compréhension

1 Vrai (V) ou faux (F) ? Entoure la bonne réponse.
a. Les sorcières adorent se retrouver avec des inconnus.   V   F
b. Elles lisent l'avenir dans le marc de café.   V   F
c. Pour connaître le futur, elles examinent les traces de thé à l'intérieur des tasses.   V   F
d. Les taches en forme de croix, d'épée, de fusil annoncent des événements heureux.   V   F
e. Les taches en forme de crapaud, de serpent, ou de chat annoncent
des événements malheureux.   V   F

2 Relève dans le texte :
a. deux expressions indiquant que les sorcières sont tes contemporaines* : ....
....
b. une phrase montrant que tu peux devenir sorcier ou sorcière : ....
....

Vocabulaire

3 Remplace chaque mot en gras par un mot de même nature* et de même sens* que tu trouveras dans le texte.

a. Les amateurs de football aiment (**se réunir**) .... entre eux.
b. Nous allons (**commencer**) .... une longue promenade.
c. Après une piqûre de guêpe, il faut (**ôter**) .... le dard.

4 Entoure celui des deux homonymes* qui correspond à la définition donnée.

a. une partie du corps humain :   foie ou fois
b. à côté de :   près ou pré
c. un travail :   tâche ou tache
d. laisser tomber des gouttes :   goûter ou goutter

Le sais-tu ?
Les sorciers n'existent pas seulement dans les contes pour enfants. Du Moyen Âge au début du XXe siècle, ils ont été des personnages très influents, particulièrement à la campagne. Disciples du diable, on raconte qu'ils tiennent de celui-ci des pouvoirs surnaturels capables de nuire à autrui. C'est à eux qu'on s'adresse pour se débarrasser de son voisin ou empêcher sa récolte de pousser. Être boiteux ou bossu est pour un sorcier un avantage supplémentaire.

Orthographe

5 AIDE 7

Complète les mots suivants par « s » ou « ss », selon que tu entends le son « ze » ou le son « ce ».

rai...onner – fameu...e – ta...er – amu...ement – dépa...er – pré...ager – moi...on – poi...onneux – utili...ation – embra...er.

Grammaire

6 AIDES 22 et 23

Complète les phrases suivantes.

a. Le COD* du verbe *passe* (ligne 10) est le mot : .... Sa nature* est : ....
Le COS* du verbe *passe* est le mot : .... Sa nature est : ....
b. Le COD du verbe *demander* (ligne 23) est le mot : .... Sa nature est : ....
Le COS du verbe *demander* est le mot : .... Sa nature est : ....

7 Donne la fonction des groupes* nominaux relevés dans le texte :

après leur goûter (ligne 6) ....   dans sa main gauche : (ligne 11) ....
près de l'anse : (ligne 13) ....   dans le milieu : (ligne 15) ....

16 LE CONDITIONNEL PRÉSENT
ON NE DOIT PAS S'ÉTONNER

Pour Caprine

Que les cerises viennent
Sur les cerisiers ;
Les bananes, sur les bananiers,
C'est là une merveille
Dont on ne doit pas s'étonner.
Car enfin que ferions-nous d'un monde
Où les moulins donneraient des chiens ;
Les prés, des escarpins ;
Les coffres-forts, des songes ;
Les lampes, des noisettes ;
Les jeux de cartes, des fauvettes
Et les reines, des jeux d'ombre ?
Heureusement, mes pommiers au soleil,
Ne donnent que des pommes
Et les femmes - bénies soient-elles ! –
Que ce que nous sommes : des hommes.

Maurice Carême, *Au clair de la lune*,
Livre de Poche Jeunesse, 1993.
© Fondation Maurice Carême.

Lecture et compréhension

1 Complète après avoir lu le poème.

a. Les cerisiers donnent des................ .
b. Les bananiers, des................ .
c. Les pommiers, des................ .
d. Les femmes, des................ .

2 Maurice Carême imagine un monde bizarre où :

a. les moulins donneraient des................ ;
b. les prés, des................ ;
c. les coffres-forts, des................ ;
d. les lampes, des................ .

Vocabulaire

3 Coche la (ou les) bonne(s) réponse(s).

a. Un escarpin est :
1. une chaussure ❑
2. un sommet ❑
3. un soldat ❑

b. Un songe est :
1. une invention ❑
2. un rêve ❑
3. un animal ❑

c. Une fauvette est :
1. une fleur ❑
2. un fruit ❑
3. un oiseau ❑

4 Rends à chaque fruit son arbre.

a. une noisette ....
b. une noix ....
c. une mirabelle ....
d. une orange ....
e. un citron ....
f. un marron ....

Orthographe

5

Complète les mots suivants par *-eil* ou *-eille*.

a. un somm.......
b. une corb.......
c. une gros.......
d. un cons.......
e. un appar.......
f. une corn.......

Conjugaison

6

Conjugue les verbes au conditionnel présent.

	venir	étonner	faire
je	....	....	....
tu	....	....	....
il	....	....	....
nous	....	....	....
vous	....	....	....
ils	....	....	....

Le sais-tu ?

Le nom poésie vient du grec poiësis qui veut dire création. Cette création doit suivre un certain nombre de règles : un poème est écrit en vers, chaque vers commençant à la ligne, débutant par une majuscule et s'achevant par une rime. Une rime est un son que l'on retrouve à la fin d'un ou plusieurs vers (dans « Caprine » on trouve une rime en -ier dans bananier et cerisier). Enfin, un ensemble de vers forme une strophe.

17 — LA FONCTION D'UN MOT
UN MERVEILLEUX PALAIS

À l'endroit le plus profond se trouve le château du roi de la mer, dont les murs sont de corail[1], les fenêtres de bel ambre[2] jaune, et le toit de coquillages qui s'ouvrent et se ferment pour recevoir l'eau ou pour la rejeter. Chacun de ces coquillages
5 renferme des perles brillantes dont la moindre ferait honneur à la couronne d'une reine. [...]
Toute la journée, les enfants jouaient dans les grandes salles du château, où des fleurs vivantes poussaient sur les murs. Lorsqu'on ouvrait les fenêtres d'ambre jaune, les poissons y entraient
10 comme chez nous les hirondelles, et ils mangeaient dans la main des petites princesses qui les caressaient. Devant le château était un grand jardin avec des arbres d'un bleu sombre ou d'un rouge de feu. Les fruits brillaient comme de l'or, et les fleurs, agitant sans cesse leur tige et leurs feuilles, ressemblaient à de petites
15 flammes. Le sol se composait de sable blanc et fin, et une lueur bleue merveilleuse, qui se répandait partout, aurait fait croire qu'on était dans l'air, au milieu de l'azur du ciel, plutôt que sous la mer. Les jours de calme, on pouvait apercevoir le soleil, semblable à une petite fleur de pourpre[3] versant la lumière
20 de son calice.

Hans Christian Andersen, *La Petite Sirène*,
traduit par D. Soldi, éd. L'École des loisirs, 1979.

1. corail : matière précieuse des fonds marins. Sa couleur est rouge orangé.
2. ambre : matière précieuse des fonds marins.
3. pourpre : rouge violacé

Lecture et compréhension

1 Entoure celles des affirmations qui sont vraies.
a. L'auteur décrit le château du roi de la mer.
b. L'auteur raconte l'histoire du roi de la mer.
c. Les murs et les fenêtres sont rouge orangé.
d. Les hirondelles mangent dans la main des princesses.
e. Devant le château se trouve un jardin.
f. Les arbres y sont bleu et rouge.
g. Par beau temps, il est possible d'apercevoir la lune.

2 L'auteur compare :
a. les fruits à de . . . . ;
b. les fleurs à de . . . . ;
c. le soleil à une . . . .

Vocabulaire

3 Complète le tableau suivant.

adjectif qualificatif*	verbe	nom
jaune	....	le ....
bleu	....	le ....
rouge	....	le ....
blanc	....	le ....

4 Dans chacune des listes suivantes, entoure l'intrus*.
a. jouer - une joue - un jeu - jouable - un joueur.
b. la mer - un marin - maternel - maritime - marine.
c. ouvrir - une ouverture - un ouvrage - ouvertement - ouvert.
d. calme - calmement - calmer - un calmant - une calamité.

Orthographe

5 Pour chacune des trois familles de mots* suivantes, entoure l'anomalie orthographique.
a. honneur - honorer - honoré - déshonorant - honorable.
b. famille - familial - familiarité - familiariser.
c. charrue - charrette - charretier - chariot - charron.

Le sais-tu ?
Andersen, dans La Petite Sirène, popularise l'image de la sirène, mi-femme mi-poisson, que de nombreuses légendes avaient déjà utilisée. Bien longtemps avant lui, Homère, dans l'Odyssée, avait rapporté la tradition grecque. Celle-ci imaginait les sirènes comme des monstres mi-femmes mi-oiseaux. Grâce à leurs chants merveilleux, elles attiraient les marins sur le rivage pour les y dévorer. Elles vivaient dans une immense prairie au milieu des ossements de leurs victimes.

Grammaire

6 Donne la nature* et la fonction* des mots ci-dessous, relevés dans le texte.

	nature	fonction
château (ligne 1) :	....	....
jaune (ligne 3) :	....	....
coquillages (ligne 3) :	....	....
qui (ligne 3) :	....	....
honneur (ligne 5) :	....	....
couronne (ligne 6) :	....	....
journée (ligne 7) :	....	....
salles (ligne 7) :	....	....
jardin (ligne 12) :	....	....

18 — L'ACCORD SUJET-VERBE
UN CHOUETTE VOYAGE !

Nous sommes invités à passer le dimanche dans la nouvelle maison de campagne de M. Bongrain. M. Bongrain fait le comptable dans le bureau où travaille Papa, et il paraît qu'il a un petit garçon qui a mon âge, qui est très
5 gentil et qui s'appelle Corentin.
Moi, j'étais bien content, parce que j'aime beaucoup aller à la campagne [...].
On est partis, Papa, Maman et moi, assez tôt le matin dans la voiture, et Papa
10 chantait, et puis il s'est arrêté de chanter à cause de toutes les autres voitures qu'il y avait sur la route. On ne pouvait pas avancer. Et puis Papa a raté le feu rouge
15 où il devait tourner, mais il a dit que ce n'était pas grave, qu'il rattraperait son chemin
20 au carrefour suivant.
Mais au carrefour suivant, ils faisaient des tas de travaux et ils avaient mis une pancarte où c'était écrit : « Détour » ; et nous
25 nous sommes perdus ; et Papa a crié après Maman en lui disant qu'elle lui lisait mal les indications qu'il y avait sur le papier ; et Papa a demandé son chemin à des tas de gens qui ne savaient pas ; et nous sommes arrivés chez M. Bongrain presque à l'heure du déjeuner, et nous avons cessé de nous disputer.

Sempé/Goscinny, *Le Petit Nicolas et les Copains*,
éd. Denoël, 1963.

Lecture et compréhension

1 **Complète.**
L'histoire se passe un .... Nicolas et ses parents ....
.... Ils sont invités par la famille .... Le père
de Nicolas a raté .... Ils se sont .... et
sont arrivés presque ....

2 **Choisis les titres qui conviennent à ce texte.**
a. Un départ en vacances c. Un agréable trajet
b. Une matinée en voiture d. Un trajet mouvementé

Vocabulaire

3 Dans les expressions suivantes, remplace les adjectifs qualificatifs* en gras par leur contraire.

a. une **nouvelle** maison → ....
b. un **gentil** garçon → ....
c. j'étais bien **content** → ....
d. le carrefour **suivant** → ....

4 Pour chacun des verbes suivants, donne deux noms de la même famille*.

a. passer → .... / ....
b. faire → .... / ....
c. tourner → .... / ....
d. chanter → .... / ....

Le sais-tu ?

L'Anglais John Watt déposa, le premier, un brevet pour une voiture à vapeur à la fin du XVIIIe siècle. C'est seulement un siècle plus tard que seront mises au point, en Allemagne, des voitures à moteur à gaz ou à pétrole par Nikolaus Otto puis Karl Benz. Mais c'est un Américain, John Ford, qui aura l'idée de construire les premières voitures à la chaîne – cela lui permet d'offrir à sa clientèle des voitures beaucoup moins chères.

Orthographe

5 Sans changer le temps des verbes, conjugue les phrases suivantes avec leur nouveau sujet*.

a. Je suis content.   Nous ....
b. Papa chantait.   Papa et Maman ....
c. On ne pouvait pas avancer. Nous ....
d. Je dis vrai.   Vous ....
e. Il triait ses affaires.   Nous ....

Expression écrite

6 Remplace les mots qui appartiennent au langage* familier par des expressions de même sens appartenant au langage* courant.

a. Un chouette voyage → ....
b. M. Bongrain fait le comptable → ....
c. On est partis, Papa, Maman et moi, assez tôt le matin dans la voiture → ....
....
d. Une pancarte où c'était écrit « Détour » → ....
....
e. Papa a demandé son chemin à des tas de gens → ....
....

COCHER C'EST GAGNER !

Pour chacun des cinq exercices d'une même séquence, coche la bonne réponse. Après avoir consulté les corrigés (en p. 7 du cahier détachable), inscris ton score sur 5 dans la case prévue à cet effet. Si tu totalises moins de 3 points sur une séquence, nous te conseillons de la retravailler.

SÉQUENCE 13 (pp. 32-33)

1 Au passé composé, la forme correctement conjuguée est :
a. Il est tombé. ❏
b. Il a tombé. ❏
c. Il est tomber. ❏

2 Il faut dire :
a. J'ai été au dentiste. ❏
b. Je suis allé chez le dentiste. ❏
c. J'ai été chez le dentiste. ❏

3 « Qu'est-ce qu'on s'est marré au ciné ! » appartient :
a. au langage* courant ❏
b. au langage familier ❏
c. au langage soutenu ❏

4 Coche la phrase correctement orthographiée.
a. Ce jour est merveilleux. ❏
b. Se jour est merveilleux. ❏
c. Ceux jour est merveilleux. ❏

5 Celui qui déchiffre un texte est :
a. un déchiffrage ❏
b. un déchiffrement ❏
c. un déchiffreur ❏

SÉQUENCE 14 (pp. 34-35)

1 La science qui étudie l'écriture est :
a. la graphologie ❏
b. l'orthographe ❏
c. l'orthopédie ❏

2 Le synonyme* de *découvrir* est :
a. entreprendre ❏
b. trouver ❏
c. définir ❏

3 « Qu'il fait beau ! » est :
a. une phrase déclarative ❏
b. une phrase exclamative ❏
c. une phrase interrogative ❏

4 *Confus* est le contraire de :
a. clair ❏
b. sombre ❏
c. ordinaire ❏

5 Coche le verbe correctement orthographié.
a. aparaître ❏
b. apparaître ❏
c. aparraître ❏

SÉQUENCE 15 (pp. 36-37)

1 Un récipient qui contient des fleurs est :
a. un vasse ❏
b. un vase ❏
c. un vaze ❏

2 « Mettre la dernière main à un ouvrage », c'est :
a. le terminer ❏
b. le prendre ❏
c. l'offrir ❏

3 Coche la phrase dans laquelle *enfants* est COS*.
a. Il regarde ses enfants. ❏
b. Il donne de l'argent à ses enfants. ❏
c. Il vient avec ses enfants. ❏

4 Une *route* est :
a. une voix ❏
b. une voie ❏
c. une vois ❏

5 *Fléchir* signifie :
a. plier ❏
b. casser ❏
c. tomber ❏

TOTAL SÉQUENCE 13	/5	TOTAL SÉQUENCE 14	/5	TOTAL SÉQUENCE 15	/5

SÉQUENCE 16 (pp. 38-39)

1 « La pomme d'Adam » est :
a. un fruit. ☐
b. une partie du corps humain ☐
c. un instrument. ☐

2 Au conditionnel, la forme correcte du verbe est :
a. je chanterai ☐
b. je chanterais. ☐
c. je chantais ☐

3 Coche le nom correctement orthographié.
a. un réveil ☐
b. un réveille ☐
c. un réveile. ☐

4 Un endroit planté de cerisiers est :
a. une cerisaie ☐
b. un verger ☐
c. une plantation ☐

5 Coche l'intrus*.
a. seul ☐
b. isolé ☐
c. ensoleillé ☐

SÉQUENCE 17 (pp. 40-41)

1 Le nom de la même famille* que *vert* est :
a. verdure ☐
b. vertement. ☐
c. ouverture ☐

2 La nature* du mot *qui* est :
a. un pronom personnel ☐
b. un pronom relatif ☐
c. un pronom démonstratif ☐

3 Coche l'intrus*.
a. mère ☐
b. maternel ☐
c. paternel ☐

4 Dans « le chien », *le* est :
a. un pronom personnel ☐
b. un article* défini ☐
c. un article indéfini ☐

5 Coche le mot appartenant à la famille* de *cercle*.
a. cerner ☐
b. encercler ☐
c. entourer ☐

SÉQUENCE 18 (pp. 42-43)

1 *Un élève sérieux* est synonyme* de :
a. un élève sévère. ☐
b. un élève consciencieux ☐
c. un élève important ☐

2 *Du pain frais* est le contraire de :
a. du pain dur ☐
b. du pain chaud ☐
c. du pain avarié ☐

3 Coche la phrase correctement orthographiée.
a. C'est ma sœur et moi qui sont contentes. ☐
b. C'est ma sœur et moi qui sommes contentes. ☐
c. C'est ma sœur et moi qui sommes contente. ☐

4 À l'imparfait, la forme correcte du verbe *crier* est :
a. nous criions ☐
b. nous crions ☐
c. nous criyons ☐

5 Coche la phrase appartenant au langage* courant.
a. C'est un de mes copains de classe. ☐
b. C'est un de mes camarades de classe. ☐
c. C'est un de mes condisciples. ☐

TOTAL SÉQUENCE 16 /5   TOTAL SÉQUENCE 17 /5   TOTAL SÉQUENCE 18 /5

AIDE-MÉMOIRE

Cet aide-mémoire contient tous les rappels de cours et les méthodes nécessaires à la résolution des exercices assortis du petit logo. Il rassemble les savoirs et savoir-faire essentiels du programme.

Orthographe

AIDE 1
et ou est ?
Si tu hésites entre *et* ou *est*, remplace par *était*.
- Pierre *et* Jean sont amis.
(Je ne peux pas dire *étaient*. Donc j'écris *et*, conjonction de coordination, mot invariable.)
- Pierre *est* sorti.
(Je peux dire *était*. Donc j'écris *est*, le verbe *être*.)

AIDE 2
a ou à ?
Si tu hésites entre *a* et *à*, remplace par *avait*.
- Il pense *à* manger.
(Je ne peux pas dire « Il pense *avait* manger. », J'utilise *à*, mot invariable.)
- Il *a* travaillé.
(Je peux dire « Il *avait* travaillé ». J'utilise *a*, verbe *avoir* à la troisième personne du singulier.)

AIDE 3
on n' ou on ?
Pour savoir si l'on écrit *on n'* ou *on* devant un verbe commençant par une voyelle, il faut remplacer *on* par *il*.
On est grondé si l'*on n'*apprend pas sa leçon.
Il est grondé s'*il n'*apprend pas sa leçon.

AIDE 4
on ou ont ?
Si tu hésites entre *on* et *ont*, remplace par *il* ou par *avaient*.
- *On* gronde les enfants.
(Je peux dire « *Il* gronde les enfants ». Donc, j'écris *on*.)
- Les enfants *ont* cassé un plat.
(Je peux dire « Les enfants *avaient* cassé un plat ». Donc, j'écris *ont*.)

AIDE 5
c'est, ces, ses ou s'est ?
Pour faire la différence, souviens-toi que :
– *c'est* peut se remplacer par *c'était* (et sert à présenter : *cela est*) ;
– *ses* peut se remplacer par *son* ou *sa* ;
– *ces* peut se remplacer par *ce* ou *cette* ;
– *s'est* peut se remplacer par *se sont*.
- *C'est* étrange. (On peut remplacer *c'est* par *c'était*.)
- Ils sont à *ses* amis. (On peut remplacer par *son ami*.)
- À qui sont *ces* disques ?
(On peut remplacer par *ce disque*.)
- Il *s'est* levé de bonne heure.
(On peut remplacer par *se sont levés*.)

AIDE 6
ce ou se ?
- Devant un verbe, il faut écrire *se* (sauf si *ce* est le premier mot de la phrase devant le verbe *être*).
il *se* promène, il *se* faufile...
- Devant un nom, un pronom relatif et devant différentes formes de la locution *c'est*, on écrit *ce*.
ce chien
ce qui, *ce* que...
ce sont, *ce* fut, *ce* sera...

AIDE 7
Le son « ce »
Entre deux voyelles, pour entendre le son « ce », il faut mettre *ss*.
la bra*ss*e (on entend « ce »)
le va*s*e (on entend « ze »)

AIDE 8
Les mots en -eil ou -eille
Les noms masculins terminés par -eil se terminent par un « l » ; les noms féminins par « lle ».
un rév*eil*, mais une or*eille*

Conjugaison

AIDE 9
Le féminin des adjectifs qualificatifs* en *-ien* et en *-on*
Pour former le féminin des adjectifs qualificatifs en *-en* et en *-on*, il ne faut pas oublier de doubler le « n ».
 ancien → ancienne   bon → bonne

AIDE 10
-er (infinitif) ou *-é(e)(s)* (participe passé) ?
Si tu hésites sur la terminaison d'un verbe du premier groupe entre *-er* ou *-é(e)(s)*, remplace-le par un verbe d'un autre groupe.
• Je vais manger.
(Je peux dire « Je vais boire ». C'est donc l'*infinitif*).
• J'ai mangé.
(Je peux dire « J'ai bu ». C'est le *participe passé*.)

AIDE 11
Le participe passé des verbes conjugués avec *être*
s'accorde avec le sujet.
 Elle est partie hier. *Il* est parti hier.

AIDE 12
Le participe passé des verbes conjugués avec *avoir*
s'accorde avec le complément d'objet direct quand celui-ci est placé avant le verbe.
• Cette route, je l'ai déjà prise.
Il existe un COD* placé avant le verbe prendre, le pronom personnel « l' » mis pour « la » féminin singulier.
• J'ai pris cette route.
Le participe passé reste invariable puisque le COD est placé après le verbe.
• J'ai voyagé.
Le participe passé reste invariable puisqu'il n'y a pas de COD.

AIDE 13
Les adverbes en *-ment*

Si l'adverbe est formé avec :	il se termine par :
– un adjectif masculin terminé par : **-ant,** méch**ant**	**-amment,** méch**amment**
– un adjectif masculin terminé par : **-ent,** intellig**ent**	**-emment,** intellig**emment**

• Pour la plupart des autres adjectifs, l'adverbe se forme à partir de l'adjectif au féminin auquel on ajoute *-ment*.
 facile → facilement
 premier → (première) → premièrement

AIDE 14
L'accord du verbe
• Le verbe s'accorde en genre* et en nombre* avec son sujet.
• Pour trouver le sujet d'un verbe, on pose la question : « Qui est-ce qui ? » ou « Qu'est-ce qui ? ».
 Le garçon travaille. « Qui est-ce qui travaille ? »
 Le garçon (troisième personne du singulier).
 Donc tu écris bien : *travaille*.

AIDE 15
Conjuguer au présent de l'indicatif les verbes du premier groupe en « y » ou « i »
• **Les verbes en *-oyer* et *-uyer*** changent l'*y* en *i* devant un *e* muet ;
 J'envoie → nous envoyons.
 Tu essuies → vous essuyez.
• **Les verbes en *-ayer*** peuvent conserver l'*y* ou le changer en *i* devant un *e* muet.
 J'essaye ou j'essaie.
• **Les verbes en *-cer*** prennent une *cédille* sous le *c* (*ç*) devant le *o*.
 Je commence → nous commençons.
• **Les verbes en *-ger*** prennent un *e* après le *g* devant le *o*.
 Je mange → nous mangeons.
• **Les verbes comme *espérer* ou *céder*** changent l'accent aigu de l'avant-dernière syllabe en *accent grave* devant une terminaison muette.
 Tu espères, mais vous espérez.

AIDE 16
Conjuguer un verbe à l'imparfait de l'indicatif
• À l'imparfait, tous les verbes prennent la même terminaison : *-ais* ; *-ais* ; *-ait* ; *-ions* ; *-iez* ; *-aient*.
• Pour former l'imparfait, cherche le radical* de la première personne du pluriel du présent, puis ajoute la terminaison de l'imparfait.
 boire : (nous buvons) → je buv+ais → je buvais
 résoudre : (nous résolvons) → vous résolv+iez
  → vous résolviez
• Attention aux verbes en *-ier* et *-yer* !
 crier : (nous crions) → elle cri+ait → elle criait
  → nous criions
 balayer : vous balayiez

Grammaire

AIDE 17
Conjuguer un verbe au passé simple
• **Tous les verbes du premier groupe** se terminent par :
-ai ; -as ; -a ; -âmes ; -âtes ; -èrent.
   Exemple : j'aimai
• N'oublie pas que, devant le *a*, :
– les verbes en *-cer* prennent une *cédille* sous le *c* (ç) ;
– les verbes en *-ger* prennent un *e* après le *g*.
   Je lançai, tu lanças...
   Je mangeai, tu mangeas...
• **Tous les verbes du deuxième groupe** se terminent par :
-is, -is, -it, -îmes, -îtes, -irent.
   Exemple : je finis.
• **Pour les verbes du troisième groupe**, on rencontre trois modèles de conjugaison :
1. -is, -is, it, -îmes, -îtes, -irent.
   Exemple : je partis.
2. -us, -us, -ut, -ûmes, -ûtes, -urent.
   Exemple : je valus.
3. -ins, -ins, -int, -înmes, -întes, -inrent.
   Exemple : je vins.

AIDE 18
Conjuguer un verbe au futur et au présent du conditionnel
• Pour former le **futur** des verbes réguliers, il faut ajouter à l'infinitif du verbe les terminaisons :
-ai, -as , -a, -ons, -ez, -ont.
   je partir*ai*, tu partir*as*...
• Pour former le **conditionnel présent** des verbes réguliers, il faut ajouter à l'infinitif du verbe les terminaisons :
-ais, -ais , -ait, -ions, -iez, -aient.
   je partir*ais*, tu partir*ais*...

AIDE 19
Conjuguer un verbe au passé composé et au plus-que-parfait
• **Pour conjuguer un verbe au passé composé**, on utilise l'auxiliaire *avoir* ou *être* au présent et le participe passé du verbe conjugué.
• **Pour conjuguer un verbe au plus-que-parfait**, on utilise l'auxiliaire *avoir* ou *être* à l'imparfait et le participe passé du verbe conjugué.
Exemple : chanter   Passé composé : j'*ai* chanté
                    Plus-que-parfait : j'*avais* chanté
Exemple : tomber   Passé composé : je *suis* tombé
                   Plus-que-parfait : j'*étais* tombé
• Le participe passé conjugué avec *être* s'accorde en genre* et en nombre* avec le sujet*.

AIDE 20
La nature* des mots : les mots variables
Ce sont :
– **le nom commun**, qui désigne tous les êtres ou toutes les choses appartenant à une même catégorie.
   le *chien*, la *table*
– **le nom propre**, qui désigne un être, un lieu unique. Il commence toujours par une majuscule.
   Pierre, Paris
– **le déterminant***, qui accompagne le nom. Tu rencontreras surtout des :
   - articles* (*le, la, un, du...*).
   - adjectifs possessifs (*mon, ton, son...*) ;
   - adjectifs démonstratifs (*ce, cet, cette, ces...*) ;
– **le pronom**, qui remplace un nom. Tu rencontreras surtout des :
   - pronoms personnels (*je, tu, il...*) ;
   - pronoms relatifs (*qui, que, quoi, dont, où, lequel* et ses composés...).
– **l'adjectif qualificatif***, qui désigne une qualité de l'être ou de la chose auquel il se rapporte.
   Une *belle* fille. Un chien *noir*.
– **le verbe**, qui indique l'action faite ou subie par le sujet.

AIDE 21
La nature* des mots : les mots invariables
Les plus courants sont :
– **l'adverbe**, qui modifie le sens d'un verbe, d'un adjectif, ou d'un autre adverbe.
   Il mange *mal*.
– **les conjonctions de coordination.**
mais, ou, et, donc, or, ni, car

AIDE 22
COD* et COI* ?
• Pour trouver le COD d'un verbe, il faut poser la question « Qui ? » ou « Quoi ? » après le verbe.
Exemple : Le garçon apprend sa leçon.
Le garçon apprend « quoi ? » – sa leçon → *leçon* est le COD de apprend.
• Pour trouver le COI d'un verbe, il faut poser la question « À qui ? » ou « À quoi ? », « De qui ? » ou « De quoi ? » après le verbe.
Exemple : Le professeur se plaint du bruit.
Le professeur se plaint « de quoi ? » du bruit → *bruit* est le COI de se plaint.

AIDE 23

COS ?

Lorsque un verbe possède déjà un COD* ou un COI* et qu'il a un deuxième complément d'objet, celui-ci s'appelle un COS (complément d'objet second).
Exemples :
Le maître explique la leçon aux élèves.

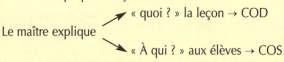
Le maître explique → « quoi ? » la leçon → COD
→ « À qui ? » aux élèves → COS

L'enfant parle de son père à son ami.

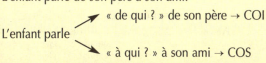
L'enfant parle → « de qui ? » de son père → COI
→ « à qui ? » à son ami → COS

AIDE 24

L'attribut du sujet

• L'attribut du sujet est l'adjectif qualificatif* ou le nom qui précise un caractère propre du sujet.
• L'attribut est toujours placé après *être* (ou un verbe d'état : *paraître, sembler, devenir, rester, passer pour*...).
   Je deviens *sage*. (*sage* est attribut du sujet *je*)
   Ce cheval est une brave *bête*. (*bête* est attribut du sujet *cheval*)

AIDE 25

Les fonctions* de l'adjectif qualificatif*

• L'adjectif qualificatif peut être **épithète** du nom.
Il se reconnaît facilement car il est placé juste avant ou juste après le nom qu'il qualifie.
   une *belle* voiture *rouge*
   (ici, *belle* et *rouge* sont tous les deux adjectifs qualificatifs, féminin singulier, épithètes de *voiture*.)
• L'adjectif qualificatif peut aussi être **attribut** du sujet.
   Cette voiture est *rouge*.
   (*rouge* est attribut du sujet *voiture*.)

AIDE 26

Le complément du nom

• Il est aussi appelé **complément de détermination**.
C'est le plus souvent un nom ou un verbe à l'infinitif.
• Il est relié au nom qu'il complète par les prépositions *à, au, de, du*.
   Le pays du chocolat (*chocolat* : nom commun, masculin singulier, complément du nom *pays*, relié par *du*)
   Une machine à laver (*laver* : verbe à l'infinitif, complément du nom *machine*, relié par *à*)

Tableaux de conjugaison

ÊTRE

INDICATIF

Présent		Passé composé		
je	suis	j'	ai	été
tu	es	tu	as	été
il	est	il	a	été
nous	sommes	nous	avons	été
vous	êtes	vous	avez	été
ils	sont	ils	ont	été

Imparfait		Plus-que-parfait		
j'	étais	j'	avais	été
tu	étais	tu	avais	été
il	était	il	avait	été
nous	étions	nous	avions	été
vous	étiez	vous	aviez	été
ils	étaient	ils	avaient	été

Passé simple		Passé antérieur		
je	fus	j'	eus	été
tu	fus	tu	eus	été
il	fut	il	eut	été
nous	fûmes	nous	eûmes	été
vous	fûtes	vous	eûtes	été
ils	furent	ils	eurent	été

Futur simple		Futur antérieur		
je	serai	j'	aurai	été
tu	seras	tu	auras	été
il	sera	il	aura	été
nous	serons	nous	aurons	été
vous	serez	vous	aurez	été
ils	seront	ils	auront	été

SUBJONCTIF

Présent			Passé		
que	je	sois	que	j'	aie été
que	tu	sois	que	tu	aies été
qu'	il	soit	qu'	il	ait été
que	nous	soyons	que	nous	ayons été
que	vous	soyez	que	vous	ayez été
qu'	ils	soient	qu'	ils	aient été

Imparfait			Plus-que-parfait		
que	je	fusse	que	j'	eusse été
que	tu	fusses	que	tu	eusses été
qu'	il	fût	qu'	il	eût été
que	nous	fussions	que	nous	eussions été
que	vous	fussiez	que	vous	eussiez été
qu'	ils	fussent	qu'	ils	eussent été

CONDITIONNEL

Présent		Passé		
je	serais	j'	aurais	été
tu	serais	tu	aurais	été
il	serait	il	aurait	été
nous	serions	nous	aurions	été
vous	seriez	vous	auriez	été
ils	seraient	ils	auraient	été

IMPÉRATIF

Présent	Passé
sois	aie été
soyons	ayons été
soyez	ayez été

INFINITIF | PARTICIPE

Présent	Passé	Présent	Passé
être	avoir été	étant	été, ayant été

AVOIR

INDICATIF

Présent		Passé composé		
j'	ai	j'	ai	eu
tu	as	tu	as	eu
il	a	il	a	eu
nous	avons	nous	avons	eu
vous	avez	vous	avez	eu
ils	ont	ils	ont	eu

Imparfait		Plus-que-parfait		
j'	avais	j'	avais	eu
tu	avais	tu	avais	eu
il	avait	il	avait	eu
nous	avions	nous	avions	eu
vous	aviez	vous	aviez	eu
ils	avaient	ils	avaient	eu

Passé simple		Passé antérieur		
j'	eus	j'	eus	eu
tu	eus	tu	eus	eu
il	eut	il	eut	eu
nous	eûmes	nous	eûmes	eu
vous	eûtes	vous	eûtes	eu
ils	eurent	ils	eurent	eu

Futur simple		Futur antérieur		
j'	aurai	j'	aurai	eu
tu	auras	tu	auras	eu
il	aura	il	aura	eu
nous	aurons	nous	aurons	eu
vous	aurez	vous	aurez	eu
ils	auront	ils	auront	eu

SUBJONCTIF

Présent			Passé		
que	j'	aie	que	j'	aie eu
que	tu	aies	que	tu	aies eu
qu'	il	ait	qu'	il	ait eu
que	nous	ayons	que	nous	ayons eu
que	vous	ayez	que	vous	ayez eu
qu'	ils	aient	qu'	ils	aient eu

Imparfait			Plus-que-parfait		
que	j'	eusse	que	j'	eusse eu
que	tu	eusses	que	tu	eusses eu
qu'	il	eût	qu'	il	eût eu
que	nous	eussions	que	nous	eussions eu
que	vous	eussiez	que	vous	eussiez eu
qu'	ils	eussent	qu'	ils	eussent eu

CONDITIONNEL

Présent		Passé		
j'	aurais	j'	aurais	eu
tu	aurais	tu	aurais	eu
il	aurait	il	aurait	eu
nous	aurions	nous	aurions	eu
vous	auriez	vous	auriez	eu
ils	auraient	ils	auraient	eu

IMPÉRATIF

Présent	Passé
aie	aie eu
ayons	ayons eu
ayez	ayez eu

INFINITIF | PARTICIPE

Présent	Passé	Présent	Passé
avoir	avoir eu	ayant	eu(e), ayant eu

AIMER — 1ᵉʳ GROUPE

INDICATIF

Présent
j' aime
tu aimes
il aime
nous aimons
vous aimez
ils aiment

Passé composé
j' ai aimé
tu as aimé
il a aimé
nous avons aimé
vous avez aimé
ils ont aimé

Imparfait
j' aimais
tu aimais
il aimait
nous aimions
vous aimiez
ils aimaient

Plus-que-parfait
j' avais aimé
tu avais aimé
il avait aimé
nous avions aimé
vous aviez aimé
ils avaient aimé

Passé simple
j' aimai
tu aimas
il aima
nous aimâmes
vous aimâtes
ils aimèrent

Passé antérieur
j' eus aimé
tu eus aimé
il eut aimé
nous eûmes aimé
vous eûtes aimé
ils eurent aimé

Futur simple
j' aimerai
tu aimeras
il aimera
nous aimerons
vous aimerez
ils aimeront

Futur antérieur
j' aurai aimé
tu auras aimé
il aura aimé
nous aurons aimé
vous aurez aimé
ils auront aimé

SUBJONCTIF

Présent
que j' aime
que tu aimes
qu' il aime
que nous aimions
que vous aimiez
qu' ils aiment

Passé
que j' aie aimé
que tu aies aimé
qu' il ait aimé
que nous ayons aimé
que vous ayez aimé
qu' ils aient aimé

Imparfait
que j' aimasse
que tu aimasses
qu' il aimât
que nous aimassions
que vous aimassiez
qu' ils aimassent

Plus-que-parfait
que j' eusse aimé
que tu eusses aimé
qu' il eût aimé
que nous eussions aimé
que vous eussiez aimé
qu' ils eussent aimé

CONDITIONNEL

Présent
j' aimerais
tu aimerais
il aimerait
nous aimerions
vous aimeriez
ils aimeraient

Passé
j' aurais aimé
tu aurais aimé
il aurait aimé
nous aurions aimé
vous auriez aimé
ils auraient aimé

IMPÉRATIF

Présent
aime
aimons
aimez

Passé
aie aimé
ayons aimé
ayez aimé

INFINITIF
Présent : aimer
Passé : avoir aimé

PARTICIPE
Présent : aimant
Passé : aimé(e), ayant aimé

FINIR — 2ᵉ GROUPE

INDICATIF

Présent
je finis
tu finis
il finit
nous finissons
vous finissez
ils finissent

Passé composé
j' ai fini
tu as fini
il a fini
nous avons fini
vous avez fini
ils ont fini

Imparfait
je finissais
tu finissais
il finissait
nous finissions
vous finissiez
ils finissaient

Plus-que-parfait
j' avais fini
tu avais fini
il avait fini
nous avions fini
vous aviez fini
ils avaient fini

Passé simple
je finis
tu finis
il finit
nous finîmes
vous finîtes
ils finirent

Passé antérieur
j' eus fini
tu eus fini
il eut fini
nous eûmes fini
vous eûtes fini
ils eurent fini

Futur simple
je finirai
tu finiras
il finira
nous finirons
vous finirez
ils finiront

Futur antérieur
j' aurai fini
tu auras fini
il aura fini
nous aurons fini
vous aurez fini
ils auront fini

SUBJONCTIF

Présent
que je finisse
que tu finisses
qu' il finisse
que nous finissions
que vous finissiez
qu' ils finissent

Passé
que j' aie fini
que tu aies fini
qu' il ait fini
que nous ayons fini
que vous ayez fini
qu' ils aient fini

Imparfait
que je finisse
que tu finisses
qu' il finît
que nous finissions
que vous finissiez
qu' ils finissent

Plus-que-parfait
que j' eusse fini
que tu eusses fini
qu' il eût fini
que nous eussions fini
que vous eussiez fini
qu' ils eussent fini

CONDITIONNEL

Présent
je finirais
tu finirais
il finirait
nous finirions
vous finiriez
ils finiraient

Passé
j' aurais fini
tu aurais fini
il aurait fini
nous aurions fini
vous auriez fini
ils auraient fini

IMPÉRATIF

Présent
finis
finissons
finissez

Passé
aie fini
ayons fini
ayez fini

INFINITIF
Présent : finir
Passé : avoir fini

PARTICIPE
Présent : finissant
Passé : fini(e), ayant fini

PARTIR *3ᵉ GROUPE*

INDICATIF

Présent
je pars
tu pars
il part
nous part**ons**
vous part**ez**
ils part**ent**

Passé composé
je **suis** parti
tu **es** parti
il **est** parti
nous **sommes** partis
vous **êtes** partis
ils **sont** partis

Imparfait
je part**ais**
tu part**ais**
il part**ait**
nous part**ions**
vous part**iez**
ils part**aient**

Plus-que-parfait
j' **étais** parti
tu **étais** parti
il **était** parti
nous **étions** partis
vous **étiez** partis
ils **étaient** partis

Passé simple
je part**is**
tu part**is**
il part**it**
nous part**îmes**
vous part**îtes**
ils part**irent**

Passé antérieur
je **fus** parti
tu **fus** parti
il **fut** parti
nous **fûmes** partis
vous **fûtes** partis
ils **furent** partis

Futur simple
je partir**ai**
tu partir**as**
il partir**a**
nous partir**ons**
vous partir**ez**
ils partir**ont**

Futur antérieur
je **serai** parti
tu **seras** parti
il **sera** parti
nous **serons** partis
vous **serez** partis
ils **seront** partis

SUBJONCTIF

Présent
que je parte
que tu partes
qu' il parte
que nous part**ions**
que vous part**iez**
qu' ils partent

Passé
que je **sois** parti
que tu **sois** parti
qu' il **soit** parti
que nous **soyons** partis
que vous **soyez** partis
qu' ils **soient** partis

Imparfait
que je partisse
que tu partisses
qu' il part**ît**
que nous part**issions**
que vous part**issiez**
qu' ils part**issent**

Plus-que-parfait
que je **fusse** parti
que tu **fusses** parti
qu' il **fût** parti
que nous **fussions** partis
que vous **fussiez** partis
qu' ils **fussent** partis

CONDITIONNEL

Présent
je partir**ais**
tu partir**ais**
il partir**ait**
nous partir**ions**
vous partir**iez**
ils partir**aient**

Passé
je **serais** parti
tu **serais** parti
il **serait** parti
nous **serions** partis
vous **seriez** partis
ils **seraient** partis

IMPÉRATIF

Présent
pars
partons
partez

Passé
sois parti
soyons partis
soyez partis

INFINITIF

Présent **Passé**
partir   être parti(e)

PARTICIPE

Présent **Passé**
part**ant**   parti(e), **étant** parti(e)

LEXIQUE

Tous les mots de ton Passeport suivis d'un astérisque rouge (*) sont définis dans ce lexique. N'hésite pas à t'y reporter, afin de mieux comprendre la signification d'un énoncé.

A

Adjectif qualificatif
Mot variable qui indique une qualité du nom auquel il se rapporte.
Exemple : la voiture *rouge*.

Article
L'article est un déterminant*. Il existe :
– des articles définis (le, la, les) utilisés pour parler d'un être ou d'une chose qui a déjà été désigné auparavant.
Exemple : La glace est brisée.
– des articles indéfinis (un, une, des) utilisés pour parler d'un être ou d'une chose qui n'a pas été désigné auparavant.
Exemple : Une glace a été brisée.
– des articles partitifs qui s'emploient devant les noms indénombrables.
Exemple : Bois-tu du café ?

Attribut du sujet
Cf. AIDE 24.

C

CCL : complément circonstanciel de lieu. Celui-ci précise la phrase en répondant à la question « Où ? »
Exemple : Il est parti vers les îles lointaines.
Il est parti « où ? » – Vers les îles lointaines.

CCT : complément circonstanciel de temps. Celui-ci précise la phrase en répondant à la question « Quand ? »
Exemple : Il est parti tôt le matin.
Il est parti « quand ? » – Tôt le matin.

Champ lexical
Ensemble des mots désignant un même thème.
Exemple : champ lexical de la guerre : armée, épée, fusil, arme, général...

COD : Le complément d'objet direct (COD) se construit sans préposition. Il désigne l'être ou/et la chose sur lequel porte l'action du verbe.
Exemple :
Il classe ses *photos* → COD.
Cf. AIDE 22

COI : Le complément d'objet indirect (COI) est un complément d'objet construit avec une préposition (à ou de).
Exemple : Il se souvient de *ses vacances* → COI.
Cf. AIDE 22.

Contemporain(e) adj. et n.
Qui vit à la même époque qu'une autre personne.
Exemple : Molière et La Fontaine ont vécu à la même époque, ils étaient contemporains.

COS : Le complément d'objet second (COS) est le complément du verbe qui vient en seconde position après un COD ou un COI.
Exemple :
La mère raconte *une histoire* (→ COD) à *son fils* (→ COS).
Cf. AIDE 23.

D

Déterminant
Mot qui précède un nom. Il lui donne son genre* et son nombre* et lui permet d'être employé dans une phrase*.
Exemple : *Un* homme est venu ce matin.

Dialogue
Un dialogue est une conversation entre deux ou plusieurs personnes. À l'écrit, le dialogue doit clairement apparaître dans la présentation. Pour cela, il faut :
– aller à la ligne à chaque changement d'interlocuteur*, placer un tiret devant chaque réplique* et mettre une lettre majuscule au premier mot de la réplique ;
– utiliser une ponctuation appropriée qui, en plus du point, comporte : point d'interrogation, point d'exclamation, point de suspension.
Certains auteurs préfèrent utiliser les guillemets pour signaler le dialogue. Dans ce cas, il faut ouvrir les guillemets avant la première réplique, qui ne comporte pas de tiret, mettre ensuite des tirets pour

les autres répliques et fermer les guillemets après la dernière réplique. (Pour cette présentation cf. le texte Opération Poisson rouge, p. 22).

Étymologie, n. c. fem. / étymologiquement, adv.
Étude de l'origine et de la formation des mots.
Exemple : le nom *terre* vient du latin *terra, ae,* f.

Famille de mots
Ensemble des mots qui sont construits à partir du même radical*.
Exemple : *lent*, *lent*eur, *lent*ement, ra*lent*ir....

Fonction
Donner la fonction d'un mot, c'est indiquer le rôle grammatical du mot par rapport à un mot de la phrase.
Exemple : sujet ou COD* du verbe, attribut du sujet...

Genre
Donner le genre d'un mot, c'est dire s'il est masculin ou féminin.

Exemple : le mot *homme* est de genre masculin ; le mot *femme* est de genre féminin.

Groupe nominal
Ensemble de mots rassemblés autour d'un nom.
Exemple : Une belle voiture rouge roule sur la route.
Une belle voiture rouge est le groupe nominal.

Homonyme, n. c. masc.
Mot qui se prononce de la même manière qu'un autre.
Exemple : un air, une aire, une ère.

Interlocuteur
Chacune des personnes qui prend part à une conversation.

Intrus
Élément qui n'est pas à sa place.
Exemple : *chapeau* est l'intrus dans la liste qui suit.
Tête, pied, main, nez, chapeau.

Langage
Il existe différents niveaux de langage adaptés à la situation dans laquelle nous nous trouvons :
– le **langage courant** ; c'est le langage correct que tu dois utiliser à l'écrit ou lorsque tu t'adresses à d'autres personnes qu'à tes camarades.
Exemple : J'aime beaucoup cette idée.
– le **langage familier** ; c'est le langage que tu utilises avec tes camarades de classe.
Exemple : Super, c't'idée !
– le **langage soutenu ou littéraire** ; c'est un langage soigné, utilisé surtout à l'écrit.
Exemple : Cette idée me plaît particulièrement.

Narrateur
Celui qui raconte l'histoire.

Nature
Donner la nature d'un mot, c'est dire la catégorie grammaticale à laquelle il appartient. Celle-ci est invariable.
Exemple : *une voiture rouge*. *une* : article* indéfini ; *voiture* : nom commun ; *rouge* : adjectif qualificatif. Cf. AIDES 20 et 21.

Nombre
Donner le nombre d'un mot, c'est dire s'il est singulier ou pluriel. Le « s » est la marque la plus fréquente du pluriel.
Exemple : un homme → singulier ; des hommes → pluriel.

P

Phrase
• Une phrase est un ensemble de mots ayant un sens* qui débute par une majuscule et s'achève par une ponctuation forte : point, point d'exclamation, point d'interrogation, points de suspension.
• On distingue plusieurs types de phrases :
– la **phrase déclarative**, qui débute par une majuscule et s'achève par un point.
Exemple : Il fait beau.
– la **phrase exclamative**, qui débute par une majuscule et s'achève par un point d'exclamation.
Exemple : Comme il fait beau !
– la **phrase interrogative**, qui débute par une majuscule et s'achève par un point d'interrogation.
Exemple : Fait-il beau ?

Préfixe
Élément qui, dans un mot, se place avant le radical*.
Exemple : le préfixe *dé-* placé avant le radical *-tour* donne le nom *détour*.

R

Radical
Élément invariable d'un mot.
Exemple : *lent* dans *lent*eur, ra*lent*ir, ra*lent*issement, *lent*ement...

Réplique
Ensemble des paroles prononcées par un des personnages d'un dialogue*. La réplique est généralement précédée d'un tiret.
Exemple :
– S'il ne pleut pas, vous irez chez la tante Mélina, dit la mère.
– Non, non, répondirent les petites.

S

Sens
Donner le sens d'un mot ou d'une phrase, c'est expliquer ce mot ou cette phrase, c'est donner sa signification.

Suffixe
Élément qui, dans un mot, s'accroche après le radical*.
Exemple : le suffixe *-eur* placé après le radical *lent-* donne le nom *lenteur*.

Sujet
Il commande l'accord du verbe en personne et en nombre*. Il fait ou subit l'action indiquée par le verbe.

Synonyme
Mot ayant le même sens* (ou presque) qu'un autre mot et qui peut le remplacer.
Exemple : *joli* est synonyme de *beau*.

Donnez toutes les chances de réussite à votre enfant !

Toutes les matières en un seul volume !

Rappels de cours, savoir-faire et exercices : l'ouvrage indispensable pour accompagner votre enfant tout au long de l'année.

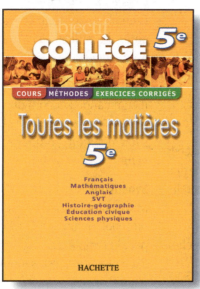

Des cahiers d'entraînement simples et efficaces !

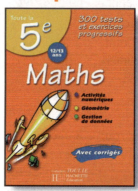

Des rappels de cours et de nombreux exercices pour maîtriser tout le programme dans les matières principales du collège.

100 dictées sans faute, 100 problèmes sans peine !

Un entraînement méthodique et progressif à la dictée et à la résolution de problèmes.

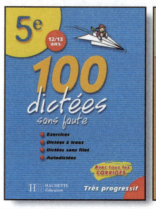